歎異抄にたずねて

現代に響く親鸞聖人のおしえ

四衢　亮

まえがき

『歎異抄』は、よく言葉が吟味され、精緻に考えられた構造をもった書物です。また、

親鸞は父母の孝養のためとて、一返にても念仏もうしたること、いまだそうらわず。

（第五章、『真宗聖典』〈以下、聖典〉東本願寺出版部、六二八頁）

念仏者は、無碍の一道なり。（第七章、聖典六二九頁）

などに見られるように、文頭にまず結論が鮮烈な形で述べられ、続いてその理由が簡潔に明かされています。この文書形式は、水際立つものです。それが読む者の心に、深い刻印を残し、幾度も読み返させる力をもっているのでしょう。

「師訓篇」と呼ばれる一章から十章までも、その言葉なり表現なりが、いきなり親鸞聖人から出たのではないのでしょう。「序」に、

故親鸞聖人御物語の趣、耳の底に留まるところ、聊かこれを注す。（聖典六二六頁）

とあるように、親鸞聖人がお同行からの問いかけや疑問を通して、語りあわれ、確かめあわれる中から互いに頷きあって紡ぎ出された言葉なのだと思います。

その点から思われるのは、こうした言葉が生み出された背景には、どのような質問があ

ったのだろう、どうした疑問が俎上にあがったのだろうか。そして親鸞聖人とその周りにいたお同行と、どんな語らいがなされたのか。そうしたことが、彷彿として思い浮かぶようなことになれば、いよいよ『歎異抄』を読むことが身近になるのではないかと思っています。

「師訓篇」の各章は、その末尾が「云々」となっています。この「云々」は間接話法の形式の結びの言葉で、「～という話である」という意味あいですが、それだけでなく、こうしたことを親鸞聖人はおっしゃり、我々もいろいろ語り、ともに頷きあったのだという余韻を感じさせられます。ですから、言外に様々な表現の広がりの可能性も感じられます。

しかし、第三章だけは、「云々」で終わっていません。

他力をたのみたてまつる悪人、もっとも往生の正因なり。よって善人だにこそ往生すれ、まして悪人はと、おおせそうらいき。（聖典六二八頁）

と結ばれています。これは、親鸞聖人はこうおっしゃったのだと言い切る形です。この点については、この言葉、この表現に限るということです。こうしたことも、綿密に考えられている構成だと思います。

また、『歎異抄』という書名そのものが、親鸞聖人とそのお同行の姿勢をあらわしています。間違った者を、邪悪な存在として切り捨てるのではなく、私たちが異なることを常とする存在だからこそ、その異なりを歎き、さらにその異なりを縁として、教えに帰り続けようと呼びかける書名となっています。

そして、その異なりを指摘し歎く表現も、

おおきなるあやまりなり。（第二章、聖典六二六頁）

きわめたる荒涼のことなり。（中略）不可説なり。（第六章、六二八〜六二九頁）

かえすがえすもこころをとどめて、おもいわくべきことなり。（第十一章、六三〇頁）

いいおどさるること、法の魔障なり、仏の怨敵なり。（第十二章、六三二〜六三三頁）

かえりて、こころおさなきことか。（第十三章、聖典六三五頁）

この条、もってのほかのことにそうろう。（第十五章、聖典六三六頁）

この条、不可説なり、不可説なり、比興のことなり。（第十八章、聖典六三八頁）

などなど、じつに様々な表現がなされています。

「それは思い違いです」「よくよく考えてください」「充分思い至っていないようです」というものから、「全く根拠がありません」「それは決していえないことです」「そんな風に言い脅すのは、もっとも教えから外れることです」まで、何が問題なのか、それはどこからおこってくるのかを示し、異なる人間の問題を丁寧に説き明らかにされています。

そうした『歎異抄』を読む機会を、「さいたま親鸞講座」において与えていただいて、もう九年になります。宮城顗先生のあと、「歎異篇」の第十一章から読むこととなり、しどろもどろで質問にも明確に答えられない話を辛抱強くお聞きくださるご参加のみなさんに導かれての九年間でした。本当にありがとうございました。

本書は、二〇一〇年から二〇一一年にかけておこなわれた四回の講座をまとめたもので、親鸞聖人の教えの「念仏」「信心」「浄土」「往生」という言葉を、『歎異抄』全体を通してたずねるという形でお話ししたものです。

出版にあたり、私を講座に呼んでくださった故日保哲夫さん、いつも講座のお世話をくださる建部眞文さん日保立子さんをはじめ、講座のスタッフのみなさんと、編集の労をお取りくださった法藏館の今西智久さんはじめ法藏館編集部のみなさんに、深く感謝申し上げます。

二〇一五年一〇月

四衢　亮

目次

まえがき

一、念　仏　13

一、念仏の一般的なイメージ　13
二、念仏もうさんとおもいたつこころ　16
三、ただ念仏して、弥陀にたすけられまいらすべし　22
四、念仏は、まことに浄土にうまるるたねにてやはんべるらん　27
五、いずれの行もおよびがたき身なれば　32
六、父母の孝養のためとて、念仏もうしたることいまだそうらわず　34
七、親鸞は弟子一人ももたずそうろう　39
八、念仏者は、無碍の一道なり　41
九、念仏は行者のために、非行非善なり　44
十、ただ念仏のみぞまことにておわします　49

二、信　心　53

一、信じて念仏もうさんとおもいたつこころ　53

二、念仏を声に出して称えない　56
三、個人的な要求でする念仏　58
四、如来の根源的要求を信じる　61
五、倶会一処の願い　63
六、狭さや偏りのある人間の願い　65
七、無縁社会の中の孤独死　67
八、本願に救われる　71
九、本願に生きる人の仰せによる　73
十、弥陀の本願まこと　76
十一、願をおこしたまう本意、悪人成仏のためなれば　78
十二、信心をわがものがおにとりかえさんとする　80
十三、念仏のもうさるるも、如来の御はからいなり　83
十四、本願を信じ念仏をもうさば仏になる　84
十五、業報にさしまかせて、ひとえに本願をたのみまいらす　87
十六、回心ということ、ただひとたびあるべし　88
十七、本願を信じて、本願に救われる　91

三、浄土 95
一、謹んで真仏土を案ずれば 95
二、あらわになった私たちの凡夫性 98
三、中止になった御遠忌の意味 101
四、被災者支援の集い 104
五、「摂取不捨」という如来の願い 106
六、如来の問いかけを聞く 110
七、安心行動という心理 112
八、如来の願いによってかたどられた世界 114
九、浄土の慈悲というは 116
十、自力のこころをすつというは 118
十一、本願名号を信楽する心に開く世界 122
十二、安養の浄土はこいしからずそうろう 125
十三、穢土においての身の処しかたをいただく 129

四、往　生　133

一、往生とは「往生浄土の歩み」　133
二、浄土真宗を案ずるに、二種の回向あり　135
三、ひとえに往生極楽のみちをといきかんがためなり　137
四、自余の行もはげみて、仏になるべかりける身　140
五、罪福信ずる行者　142
六、信心は、私たちの人生全体を問う　146
七、「曇摩伽菩薩文」にあらわれた法蔵菩薩　151
八、人生を想定内に収められると考える人間の傲慢さ　156
九、自力のこころをひるがえして　159
十、逆悪もらさぬ誓願　162
十一、摂化随縁不思議なり　166

あとがき　171

歎異抄にたずねて——現代に響く親鸞聖人のおしえ

一、念　仏

一、念仏の一般的なイメージ

一般的に、『歎異抄』を読むときには、各章ごとに読み進めて教えをいただいていくということになると思いますけれども、今回は、『歎異抄』全体を一つのテーマを持って見るとどうなるのか。『歎異抄』の中で、そのテーマの流れが何を示唆しようとしているのかということを念頭に置きながら、読み進めていきたいと思っています。

『歎異抄』を貫く一つの課題としては、念仏申すということが、テーマとして流れているといえると思います。それで今日は、念仏申す、念仏ということが、『歎異抄』の中でどのように語られているのかということを見てみたいと思います。

一般的にイメージされている、念仏する、念仏を称えるということと、『歎異抄』で親鸞聖人がいわれている念仏、あるいは念仏申すということとは、大きな隔たりがあるという感じがします。『歎異抄』第二章には、親鸞においては、ただ念仏して、弥陀にたすけられまいらすべしと、よきひとのおおせをかぶりて、信ずるほかに別の子細《しさい》なきなり。（聖典六二七頁）

と、「ただ念仏して」という言葉が出てきます。しかし、「ただ念仏して」といわれても、なかなかはっきりしませんし、ある意味では、なんとも頼りないという気がします。身にこたえるような厳しさもなければ、何か他人とは違うものを達成していくというような力強さもないという感じがします。ですから、「ただ念仏して」ということでは、非常に頼りないという感じがしてしまうのです。

また、近代以降の科学的な考え方を身につけた現代人としては、科学的な知識のある者としては、念仏するだけというのは、もどかしくもあります。また、宗教としても、なにか低俗な宗教なのではないかと思えてしまいます。念仏というのは、いわゆる、呪文とかおまじないということとかわらないのではないのかという思いが、正直なところあるのです。呪文やおまじないとかわらないのが念仏だということになると、頼りないというだけではなくて、どうもおかしいと思われてきます。そんな呪文やおまじないで、人間が救われたりしないだろうと思うのは、正直なことだと思うのです。

おまじないや呪文というものと、同じものとして念仏を考えると、その念仏というのは、物質化するわけです。物質化というのは、ようするに、物になるわけです。物といっても、いろいろな意味があります。たとえば、たくさん念仏することによって、自分の願いが実現していくと思い、念仏して、商売が繁盛しますようにとお念仏する。それで、念仏したことによって、仕事がうまくいって、たくさんお金がもうかったということになると、念仏というものが、お金に変わるわけです。あるいは、病気を治してほしいということで、念仏をたくさん称えたりする。親鸞聖人が生きておられた鎌倉期ですと、病気のときに、南無阿弥陀仏と書いた紙を飲み込むということもあったわけです。それは、お念仏に、病気を治すという効果を期待したからです。それでもし病気が治れば、南無阿弥陀仏という念仏というものが、念仏ではなくて薬になるわけです。このように、念仏が物に変わっていく。おまじないとか呪文というのと同じであれば、念仏というものが物に変わっていくという形で、私たちのうえに何かを実現していくと、そういう感じがします。これは、ある意味で、どうもありえないし、もどかしいし、滑稽だということもある。そういうこともあって、念仏ということについて、いまひとつすっきりしないというか、自信が持てないというか、頼りないというか、そういうことが漠然と感じられるということがあろうかと思うのです。

念仏申すということには、そういうイメージがなかなか拭えないのです。それでは、『歎異抄』では、念仏ということについて、どのように表現されているのでしょうか。やはりそれを、しっかりと見ていく必要があると思います。

ところが、その場合でも、私たちは、念仏の説かれているところだけを取り出して、なんとか自分が納得できるように考えようとしてしまうわけです。しかし、『歎異抄』では、念仏ということについて、その前後に一定の表現と問題が提起される形で、そのことが言葉として表現されているわけです。ですから、それをふまえて『歎異抄』という書物が、あるいは親鸞聖人が、念仏ということについて、どう語っておられるのかということを、確認していきたいと思います。

二、念仏もうさんとおもいたつこころ

『歎異抄』の中で、念仏ということがどういう形で説かれているのかということを、順に見ていきたいと思います。まず、第一章には、

弥陀の誓願不思議にたすけられまいらせて、往生をばとぐるなりと信じて念仏もうさんとおもいたつこころのおこるとき、すなわち摂取不捨《せっしゅふしゃ》の利益《りやく》にあずけしめたまうなり。(聖典六二六頁)

とあります。ここに、「念仏もうさん」ということが出てくるわけです。

ここでいわれているのは、「念仏もうさんとおもいたつこころ」がおこるということが、そのまま救いにあずかることだということです。「すなわち摂取不捨の利益にあずけしめたまうなり」とありますが、この「すなわち」というのは、漢字にあてると、「即」という字です。この「即（すなわち）」という字は、すなわちという接続詞なのですが、接続詞の上にある事柄と下にある事柄が同時に起こっているということを示す接続詞です。親鸞聖人は、特に漢字を厳密に使い分けて表現されるかたです。ですから、「念仏もうさんとおもいたつこころ」がおこったということが、そのまま摂取不捨の利益にあずかっていること、阿弥陀仏に救われていることなのだという意味です。即の字で結び付けられているのは、二つのことが同時に起こっていることだということです。ですから、念仏していって、いつの日にか救われるといわれているのではないのです。念仏申そうというこころがおこったということが、そのまま救いなのだということです。

これは、独特の言い方です。私たちのイメージでは、少なくとも念仏というものを称えていくと、いつの日にか私が救われていくという、そういうイメージがありますね。ところが、親鸞聖人が語られている念仏は、そういう表現にはなっていないのです。念仏申すということころが私のうえにおこってきたということが、そのまま救いにあずかっていることで、もう救いの中にいるのだと、そういう形で表現されている。これは、私たちのイメージとはだいぶ違っているのではないでしょうか。

さらに、

弥陀の誓願不思議にたすけられまいらせて、往生をばとぐるなりと信じて念仏もうさんとおもいたつこころのおこるとき、すなわち摂取不捨の利益にあずけしめたまうなり。（聖典六二六頁）

といわれているのですから、阿弥陀如来の誓願によって、往生を遂げると信じるということが、念仏申すということなのだといわれているのです。往生を遂げるのだと信じて念仏申すのですから、「信じるとか信じないとかはいいから、とにかく念仏を称えなさい」と、そんなことをいわれているわけではないのです。

「あれこれと考えていてもはじまらないから、とにかくまず行動だ」といわれる方がよくおられます。それは「まず称えよう」ということですが、そんなふうには『歎異抄』には書かれていないのです。本願を信じて念仏申すと書かれているのです。「自分にはよくわからないけれども、わからないまま、とにかく念仏を称えるのだ」と、そういうことをいわれる人もおられますが、そんなふうには『歎異抄』には書かれていないのです。本願を信じるということにおいて、念仏申すということがあるのだといわれているのです。

それは同時に、本願を信じるということは、必ず念仏申すというすがたとなってあらわれるということです。本願は信じるけれど、念仏は称えないということはないということです。

そういう意味では、第一章の表現は、非常に特徴的です。念仏申すというこころが、私のうえにおこってくることが、そのまま救いなのだといわれる。それと同時に、わからないけれども称えなさいということではない、如来の本願を信じるということが、そこにはあるのだということが説かれているのです。

私たちは、ともすると念仏を称えていくと、私のほうに何か変化がおこるのだろうと考えるのです。救いということについても、何が救いなのかということがはっきりしないわけです。けれども、少なくとも宗教である以上、何らかの救いがあるのだろうと考えています。そうすると、念仏を称えていくと、何かしらの変化が私のうえにおこって、救われたという実感が持てるのだろうと考える。それが、普通に感じる我々の宗教的救いのイメージです。ですから、称えていくことにおいて、私のうえに変化がおこる。称えていくことによって、だんだん、おまじないではないとは思いながら、称えることによって、何か私のうえに変化があると期待しますし、考えるわけです。称えていくと、だんだん人格が穏やかになって、何があってもあまり動じないようになる。そういうふうなこころになれるのではないか、そういう変化があるはずだと考える。あるいは、どんな逆境になっても、あるいは非常につらいことがあっても、念仏を称えることによって、そのつらさに耐えて笑っていけるようになる。そして、何事もありがたく、おかげさまだというふうにいえるような、そういう心持ちになっていく。それが救われていくということだと、そんなふうに考えます。ですから、私たちは、念仏を称えていくことによって、何らかの変化があるはずだと、そういうことを期待します。

すごく腹が立ったときに、念仏を称えていたら、だんだん腹の立つのがおさまってきた。そういう場合もあります。でもそれは、念仏を称えたので腹の立つのがおさまったのか、時間がたったからなのか、これはわかりません。これはたぶん、時間がたったからなのです。人間は、そんなにいつまでも怒っていられませんから、時間がたったということで、腹の立つのがおさまったのです。そういう点でいえば、念仏を称えることによって、穏やかな人格になったり、何があってもあまり動じないこころになるということはないのです。また、どんなこともありがたく、おかげさまで生きていけるということもない。もし、どんなこともありがたく、おかげさまで生きていけるということになると、ある意味では、ほんとうに怒り悲しみ、そして考えなければならない問題があるにもかかわらず、何事もおかげさまでありがたいといっているというのは、ある意味で鈍感になったということとあまり変わりませんし、緊張感がない、何でもいいかげんだということと変わらないことになります。ですから、自分のイメージや都合に合った形で、変化が起きるというふうに考えて、念仏に期待するというのは、よく考えるとそんな変なことになったりもするわけです。

念仏を称えていくことによって、何らかの変化があるのではないかと考えている私たちに対して、親鸞聖人は、そうではないのだといわれる。念仏申すということころがおこるということが、すなわち救いだといわれているのです。もし、変化ということでいうならば、念仏を称えていくことによって変化があるというよりも、私のほうに念仏申そうというこころがおこるということが最大の変化だと、そういうことをいわれているのです。

私たちは、念仏を称えていって、腹が立たなくなるとか、穏やかになるとか、何でもありがたいと思えるようになると考えてしまう。ありがたく思ってはいけないことまで、ありがたく思ってしまうという自分になるということがよいことだと思う。そして、そういう者になれないことはだめなことだと思い、なれないときは、念仏の称え方が悪かったとか、結局、念仏は頼りにならないというように、称え方や念仏のほうに責任をもっていきます。ようするに、自分の期待したようなよい者になれると思い、なれなければ悪かったと考える。ところが、『歎異抄』で親鸞聖人は、そういうことではないのだということを、第一章では語られているのです。

私たちにとっては、念仏申すこころがおこるということが、最大の変化なのです。変化という点でいえば、その変化はどういう形でおこるのかというと、「弥陀の誓願不思議にたすけられまいらせて、往生をばとぐるなりと信じて」(『歎異抄』聖典六二六頁)とあるわけですから、ポイントは、信じるということが私のうえに開くということなのです。それが最大の変化なのです。信じて念仏申すわけですから、そういう意味で、たんに念仏だけを取り上げることはできない。念仏の前に、本願を信じるということがあり、その後に念仏申すということが、私のうえに開く。そしてそのことが、そのまま救いなのです。ですから、念仏申すということのなかには、弥陀の本願を信じるということがあるのです。そういう形で説かれているわけですから、ここでは、信じるということがやはりひとつのポイントとして挙げられていると、そういうことがいえます。

三、ただ念仏して、弥陀にたすけられまいらすべし

では、ここでいわれる信じるということはどういうことなのかというと、それは、第二章の言葉で明らかにされています。

親鸞におきては、ただ念仏して、弥陀にたすけられまいらすべしと、よきひとのおお

せをかぶりて、信ずるほかに別の子細《しさい》なきなり。念仏は、まことに浄土にうまるるたねにてやはんべるらん、また、地獄におつべき業にてやはんべるらん。総じてもって存知《ぞんじ》せざるなり。（聖典六二七頁）

この第二章の言葉は、京都におられる親鸞聖人のもとへ、関東ほうから何人かのお同行が訪ねてこられて、そのお同行に向かって話された言葉です。

事の発端は、親鸞聖人の息子である慈信坊善鸞が、関東でいろいろな問題が起こったときに、それをおさめるために、親鸞聖人の名代として関東に行かれたことです。それで、慈信坊がいろいろと活動したのですが、なかなか関東のお同行がまとまらないのです。それで慈信坊が、自分のほうにみんなを引き付けるために、「じつは、念仏で救われるのではないのだ」とか、「もっと別の特別な教えがあるのだ」とか、「じつは、親鸞聖人の息子である私は、夜こっそり特別の教えを聞いたのだ」とか、そういうことを言い出したわけです。そうすると、みんな、特別な教えとか、秘密の教えがあるといわれると、念仏よりもそちらのほうが効き目があるような気がする、まえまえから、念仏というのは頼りないと思っていた、どうもはっきりしないと思っている人が、いっぱいいたわけです。ですから、「念仏よりも、もっと効き目のある、特別な教えがあるのですよ。それを夜こっそり、私にだけ教えられたのです」といわれると、「ぜひとも私に、それを教えてください」と、ばあっと慈信坊のほうに人が集まっていくということが起こったのです。そういう状況のなかで、関東のおもだったお同行が、京都の親鸞聖人のもとへ訪ねてきて、「あなたの息子の慈信坊がこういうことをいっているけれども、ほんとうなのか」と、直談判されたということが背景にあります。そういうやりとりがあったうえで、親鸞聖人は、

親鸞におきては、ただ念仏して、弥陀にたすけられまいらすべしと、よきひとのおおせをかぶりて、信ずるほかに別の子細なきなり。（聖典六二七頁）

と、それをまず一言いわれたわけです。

ですから、信じるということ、あるいは「ただ念仏」ということがどこでおこるのかというと、「よきひとのおおせをかぶりて」ということですから、先生の教えを聞き、その教えをいただいたときにおこるのです。

「よきひと」というのは、仏教の用語でいうと善知識です。現代でも通じる表現でいえば先生です。ですから、先生の教えを聞き、教えをいただいたときに、信じるということがおきるのです。ですから、念仏申すということの前に、信じるということがある。信じるということは、どういうことかというと、「よきひとのおおせをかぶりて」ということによるのです。このように、『歎異抄』では、厳密にきちんと語られているわけです。信じるというのは、「よくわからんけれど、信じてみよう」ということでもないし、あるい

は、「私がとりあえず信じるのだ」とか、そういうことでもないのです。
信じるということには、かならず「よきひと」が介在するのです。いま風にいえば先生ですが、先生という職業の意味での先生ではありません。いわゆる自分が先生という形で敬う、あるいは、先生という形で、自分が仰せをこうむる人のことを先生というわけです。先生から仰せをこうむるということですが、『歎異抄』では、「先師口伝之真信《せんしくでんのしんしん》」ということが、いちばん最初に出てきます。

先師の口伝《くでん》の真信《しんしん》に異なることを歎き、後学相続《こうがくそうぞく》の疑惑有ることを思うに、（聖典六二六頁）

ということが、いちばん最初に出されています。「口伝の真信」ですから、「信じる」です。真実を信じるということは、口伝だといわれる。口伝というのは、仰せです、言葉です。日本の中世においては、教えが伝わるというのは口伝です。口伝というのは、先生の前にきちんと座って向き合って、言葉を聞き語り合い、内容を確認するというのが口伝です。ですから全部、その先生の、あるいは、よきひとの言葉の前に自分の全身を投げ出して、話を聞き質問し語り合い、頷くということが口伝なのです。

親鸞聖人から数えて八代目の本願寺の住職になられた蓮如上人は、室町時代の中ごろ、ちょうど応仁の乱のころの人ですが、手紙をたくさん書いておられます。その手紙を『御

文』と申しますけれども、この蓮如上人の『御文』の中に、

> われは仏法の根源をよくしりがおの体《てい》にて、しかもたれに相伝したる分《ぶん》もなくして、あるいは縁のはし、障子《しょうじ》のそとにて、ただ自然《じねん》と、ききとり法門《ほうもん》の分斉《ぶんざい》をもって、真実に仏法にそのこころざしはあさくして、われよりほかは仏法の次第を存知《ぞんじ》したるもののなきようにおもいはんべり。（三帖目第一二通、聖典八一一頁）

といわれています。「あるいは縁のはし、障子のそとにて、ただ自然と、ききとり法門の分斉をもって」というのは、縁の端で聞いたり、先生が話されている隣りの部屋でこっそり盗み聞きしたりするような、そういう聞き取り法門はだめなのだということです。つまり、自分の身をさらして聞くということです。自分が問われない安全地帯に身を置くのではなく、自分の身全体をさらして、繕わずに質問し、確認し、聞くということが口伝だということです。身を隠して、安全地帯に身を置いた、聞き取り法門をするのは違うということを、厳しい言葉で書かれているのです。

そういう意味では、口伝というのは、まさに仰せ、よきひとの仰せを身に受けるということです。その仰せをかぶるということが、信じるということを開くのです。ですから、別の言い方をすれば、仰せというのは、やはりよきひとを通して、如来の教化を受けるということがあるのです。教化を受けたものがはじめて、教化によって自分が知らされ、信

じるということが開く。そのことが、念仏申すということになるのだと、そういうふうにきちんと、『歎異抄』では順序立てて書かれているのです。

ですから、念仏というこことは、ただ私がとりあえず念仏するということではなくて、誓願不思議を信じて念仏申すということがおこる。そしてそれが、そのまま救いだということなのです。では、信じるということがどういう形でおこるのかというと、かならず、よきひとを介在する。そして、よきひとの仰せをこうむるということ、教化を身に受けるということがあるのです。信じるということは、教化を身に受けることによって開くのです。そういうことが、『歎異抄』では、順次語られています。

四、念仏は、まことに浄土にうまるるたねにてやはんべるらん

また、第二章では、

親鸞におきては、ただ念仏して、弥陀にたすけられまいらすべしと、よきひとのおおせをかぶりて、信ずるほかに別の子細《しさい》なきなり。念仏は、まことに浄土にうまるるたねにてやはんべるらん、また、地獄におつべき業にてやはんべるらん。総じてもって存知《ぞんじ》せざるなり。（聖典六二七頁）

とあります。ここに、「ただ念仏して」とありますが、この「ただ」というのは、「信ずるほかに別の子細なきなり」にもかかっています。「ただ」というのを漢字になおせば、「唯」という字で、このことひとつという意味です、このことひとつということが、「ただ念仏して」と念仏にもかかりますし、「よきひとのおおせをかぶり」にも「ただ信ずるほかに別の子細なきなり」にも全体にかかっているのです。

『歎異抄』では、非常に重要な言葉として、「ただ」という表現が出てきます。「ただ信じる」というのは、先生のいわれることをただ信じるというのはどういうことなのかというと、念仏ということをどのように信じたのかというと、その信じ方が独特なのです。どう信じたかというと、

念仏は、まことに浄土にうまるるたねにてやはんべるらん、また、地獄におつべき業にてやはんべるらん。総じてもって存知せざるなり。（聖典六二七頁）

と、念仏が浄土に生まれるたねなのか、地獄におちる行為なのか、それは私が知るところではないのだといわれているのです。念仏を信じたというのが、どういう形で表現されるのかというと、念仏を称えたことによって、浄土に生まれるのか、地獄にいくのか、それは知らないと。そういう形で、信じるということの内容が表現されているのです。

それは無責任ではないか、いちおういいところに行けるといってもらわないと信じられ

ないなとか、困るなということがあると思います。けれども、親鸞聖人は、行き先は関係ありませんといわれるのです。信じるということには、行き先は関係がないといわれるのです。これも、よく考えると、何をいっているのかということになりますし、「そんなばかな」ということもあるでしょう。けれども、そういう言い方をされているのです。行き先はわかりません、行き先のことはどちらでもいいのですといわれているのです。

親鸞聖人が、行き先はどちらでもいいのだということをいわれている、そのことに最近注目されたのが、内田樹という思想家です。神戸女子学院の先生です。そして最近、いろいろな方面で、非常に斬新な切り口で、新しい日本の思想界を切り開いている方だといっていいかと思います。この内田樹さんが、親鸞聖人が念仏は浄土に生まれるたねなのか、地獄におちる業なのかわからないといわれていることに注目しておられるのです。そして、新潮新書の『日本辺境論』の中で、内田樹さんは次のようにいわれているのです。

親鸞はここで修行の目的という概念そのものを否定しています。行の目的というのは、いずれにせよ、現在の自分の信仰の教義においては、名づけることも類別することもできないのである。だから、それがどこか、知ることはできないし、私がまちがいなくそこに向かっているかどうか尋ねて、教えてくれる人はいない。だから、目的地について論ずることは無意味である。ここはここであり、信仰者にとって、すべてはここで生起し、ここで終わる。ここの意味をここ以外の、ここより総体的に上位の、あるいは総体的に超越的な外部とのかかわりで論じてはならない。(『日本辺境論』一六七頁)

「親鸞はここで修行の目的という概念そのものを否定しています」と、念仏を称えることによって、どこかいいところへ行くのだという、そういう目的地意識というものを放棄しているといわれます。さらに、

「行の目的というのは、いずれにせよ、現在の自分の信仰の教義においては、名づけることも類別することもできないのである」

ちょっと、面倒な言い方ですが、自分のいまの心技体という状況の中で、どこへ行くのかというようなことは、類別することも名づけることもできないのだと。これは、どういうことか、あとでわかってきます。

「だから、それがどこか、知ることはできないし、私がまちがいなくそこに向かっているかどうか尋ねて、教えてくれる人はいない。だから、目的地について論ずることは無意味である」

と。行の目的地からの遠近によって、ここの意味が決まるのではない。念仏を百回、あの人よりはたくさん称えたから、あの人よりは近づいたとか、あの人は二百回称えたから私

より先に行っているとか、そういう行の目的地についての遠近というのは知りようがないはずだ。そういう意味で、自分のいま念仏するということが決まるのではないのだと。「ここはここであり、信仰者にとって、すべてはここで生起し、ここで終わる」と。つまり、信仰というのは、ここにあることなのであって、いまはともかく、あとでどこかへ行こうということは信仰にはならない。そのように親鸞聖人は言い切られたのだといわれています。ですから、地獄に行くのか、極楽に行くのか、それはどちらでもいいのだ。いまここで、私を開かれると、「ここ」ということがはっきりすることが信仰なのであって、目的地のために、いま信仰するということではないはずだというのが、親鸞聖人の信仰なのだといわれます。このように、内田さんは『歎異抄』第二章の文を読まれているのです。そして、

「ここの意味をここ以外の、ここより総体的に上位の、あるいは総体的に超越的な外部とのかかわりで論じてはならない」

といわれます。つまり、超越的な何か、偉大な仏さまとか神さまという、そういうものを持ってきて、ここをそれとの距離で説明するのではない。ここで始まり、ここで終わるということが信仰なのだと。ですから、地獄に行くのか、極楽に行くのかということは、関係ないのだと。そのように、親鸞聖人はいわれたのではないかというのが、内田さんの

「ただ」ということの見方なのです。

五、いずれの行もおよびがたき身なれば

そういう意味で、その念仏というものが、極楽を目的としていた場合に有効なのか、それはまちがいであって、地獄におちるのか、それは関係がないのだということになります。つまり、信じるという形で、親鸞聖人は何を信じられたのかといえば、『歎異抄』第二章を見ていただきますと、

いずれの行もおよびがたき身なれば、とても地獄は一定《いちじょう》すみかぞかし。（聖典六二七頁）

といわれています。

「いずれの行もおよびがたい身」、その身が生きているのは、地獄一定という世界を生きている。それが、ここです。ここがはっきりしたということが、信じるということの内容なのです。自分の身と、自分の生きている世界が明らかとなった。そのことにまったく疑う余地がないというのが、親鸞聖人の表現であって、念仏したら、いつの日にか、浄土に行けるとか、じつはまちがっていて、地獄におとされたら困ると心配している。そんなことは、親鸞聖人のこころのうちにはないのです。ですから、「ただ」というのは、ここが

はっきりするという意味なのです。ですから、念仏する、あるいは信じて念仏申すということがおこるということは、いまここにいる私がはっきり知らされた、そういう事柄として念仏ということが表現されているのです。

ですから、『歎異抄』の第四章では、次のようにいわれるのです。

浄土の慈悲というは、念仏して、いそぎ仏になりて、大慈大悲をもって、おもうがごとく衆生《しゅじょう》を利益《りやく》するをいうべきなり。（聖典六二八頁）

ここでは、「念仏して」と書いてありますが、念仏ということが、大きな大慈大悲、あらゆる人を救っていく、大慈悲なのであって、人間が人間を救うということではないのです。念仏が私たちを利益する、救うのです。

いずれの行もおよびがたき身なれば、とても地獄は一定《いちじょう》すみかぞかし。（聖典六二七頁）

という人間が、人間を救ったりはしないわけです。もし、いまここをはっきりするということがあるとするならば、それが念仏であり、それが如来の慈悲なのです。人間が、いまここをはっきりして、人間を救うというようなことはできないのです。もちろん、そのことによって、困っている人に何もしないという意味では全くありません。けれども、念仏の救いというのは、念仏が人を救うのであって、人が念仏で人を救うということではない。そういう表現を、第四章ではされていると思います。

ですから、人間が念仏して人を救うのではないのです。念仏そのものが、人間を開いていくのです。「いずれの行もおよびがたき身なれば、とても地獄は一定すみかぞかし」という私が、念仏をして人を救うということにはならないという、そういうひとつの見極めがあるわけです。

六、父母の孝養のためとて、念仏もうしたることいまだそうらわず

次の第五章へいきますと、

親鸞は父母《ぶも》の孝養《きょうよう》のためとて、一返《いっぺん》にても念仏もうしたること、いまだそうらわず。

（聖典六二八頁）

といわれています。私が称えた念仏で、父母が救われていくということはないのだといわれています。亡き肉親の成仏を願う呪文やおまじないとして念仏があるのではないし、亡き人の供養がその子孫の重要な義務ではないのだと、こういうことがいわれているのです。つまり、私が称えた念仏によって、人が救われるということはありえないのです。念仏こそが大慈悲であって、念仏が人を救うのであって、私が称えた念仏で、私が人を救うということはないのです。ですから、父母の孝養のために念仏するということもないのだとい

われるのです。

これは、非常に重要な言葉で、親鸞聖人が生きられた時代においては驚愕的な言い方です。驚くべき言い方です。念仏ということは、亡き人の菩提を弔うための重要な手段であるし、亡くなった先祖を祀り、供養し、菩提を弔って回向していくということは、重要な務めだとされていました。これは、現在も含めて、私たちの宗教意識の、ある意味で基盤をなすものです。ところが、親鸞聖人は、念仏というのはそういうものではないのだといわれているわけです。

ですから、先祖供養や死者供養という意味での念仏と、親鸞聖人が表現される念仏というものは、大きく乖離しているというか、違いがあるわけです。それはどういう違いかということを、『歎異抄』ではきちんと順を追って説明されています。これは、その当時の念仏や仏教そのものを否定することですから、それによって、やはり親鸞聖人は流罪に遭うわけです。そういう視点も、また見ることができるのではないかと思います。

『歎異抄』第五章では、

親鸞は父母の孝養のためとて、一返にても念仏もうしたること、いまだそうらわず。

（聖典六二八頁）

といわれています。ところが、現代も含めて、一般的には念仏ということが、死者を供養し先祖を供養する、その成仏を願っていくための重要な手段として考えられています。念仏ということが、いま私がここにいるということを、自覚的に開いていくものというよりは、ある意味で、亡き人の菩提を弔い、亡き人の亡くなったあとを願っていくものと考えられています。親鸞聖人の時代には、念仏というのは、ほとんどが亡くなった人の成仏を成し遂げていくための道具であり手段でした。ですから、こちらでたくさん念仏をして、回向していくものだと、そのように考えられていたわけです。

そのような、考え方に対して、人間が称えた念仏で、私が称えた念仏で誰かを救うということはないのだということを、第四章ではいわれているわけです。念仏そのものが人間を開くのであって、私が称えたということを言い出したら、もう、私の手柄にするか、私の自己拡大という形で、亡くなった人も、自分が幸せになるための道具にするという形になっていく。そういう問題を提起したうえで、あらためて、父母の孝養ということについての念仏ではないのだという形で、親鸞聖人が明らかにされた念仏というものが表現されてあるわけです。

先日、上野の国立博物館で「東大寺展」を見てきました。そこに、聖武天皇の皇后で光明皇后が納められた一切経というのがありました。一切経の写経は、写経生といって、お経を書き写す専門の人が当時は国家公務員としていたのです。非常にきれいな書体で書いてありました。それで、光明皇后が、一切経を写経生に書き写させて、東大寺に納めているわけですけれども、それは何のためにしたかというと、奥書のところに、自分の父親と母親の菩提を弔うために、一切経を納めるとありました。そしてさらに、迷妄を断絶して、覚路、さとりの路に帰すということを願って、一切経を納めるのだと書かれていました。

父親の藤原不比等と、母親の橘三千代の二人の菩提を弔うために、一切経を納めるということなのです。その時代からすでに、仏教はある意味で、死者の成仏を願っていくひとつの手段というのが大きな役割でした。東大寺の西のほうの門には、「光明四天王護国寺」という額が掲げられています。これが東大寺の正式名称ですが、これは聖武天皇の直筆の額だといわれています。そういう意味で、現世においては五穀豊穣を願い、そして、来世においては、死者が成仏することを願うというのが、仏教の役割だと考えられていたわけです。

そういう仏教が、延々と続いてきているわけですけれども、その中で、親鸞聖人は、父母の孝養のために念仏するということはないのだと、こういわれているわけです。現在の仏教も多くは、そういう信仰基盤の上に成り立っているわけです。ですから、そういう意味で、非常に大きな問題を抱えるわけです。それに対して、親鸞聖人は、そういうのは念仏ではないのだといわれているわけです。

国立博物館の「東大寺展」には、八世紀の史料で、「阿弥陀供花料資材帳」というのが展示されていました。「阿弥陀供花料資材帳」というのは、阿弥陀仏に自分の過ちとか、災いとか、罪を悔いて、阿弥陀仏にお願いして、その禍《とが》を帳消しにしてもらう、それを埋めてもらうという、そういう法要を勤めたときの資材帳です。ですから、どのような法要を勤めたのか、そのときどのような太鼓を使ったのか、鉦はどんな鉦を使ったのか、供物は何を供えたのかということが、史料として残されているのです。

つまり、阿弥陀仏にお願いし、念仏称えて、そして、自分の悪を消してもらう、帳消しにしてもらって、できることなら善を積んで、そして、来世に浄土に救いとってもらうのだと、そういう考え方が、奈良朝時代からずっと続いているわけです。親鸞聖人の子どものときに、東大寺の大仏殿は、平家の焼き討ちにあって、焼けて大仏の首が落ちてしまうのです。それで、重源が寄付を集める勧進元になって、東大寺を再建しました。重源が亡くなったのは、一二〇六年です。その時代はちょうど、親鸞聖人が法然上人の吉水におられた時期なのです。ですから、重源は、焼け落ちた東大寺を再建して、親鸞聖人が吉水におられた時期に、東大寺で亡くなっているのです。

ところで、東大寺の南大門に快慶がつくった仁王像が立っています。重源は、その仁王像の腹の中に、寄付をした人の名前とか、寄付を集めた重源の名前とか、重源の弟子などの名前が書かれた巻物を入れたのです。その仁王像の中に入っていた巻物も展示してありました。その巻物で、重源は自分のことを、「東大寺勧進大和上南無阿弥陀仏」と記しているのです。この時代の人は、みんな南無阿弥陀仏と称えて、自分の禍《とが》を帳消しにしてもらって、来世で浄土に往生することを願っていたのです。また、自分が善を積んでいく手段として、南無阿弥陀仏と称えるというのが、奈良時代からずっと続いているのです。これが日本の仏教の伝統でしょう。ある意味では、日本人の持っている宗教観そのものであるといってもいいかもしれません。そういう、日本の仏教の伝統に対して、親鸞聖人は、「ただ念仏して弥陀にたすけられまいらすべし」というのは、そういう念仏ではないのだと、こういわれるわけです。

七、親鸞は弟子一人ももたずそうろう

次に、『歎異抄』第六章にいきますと、

親鸞は弟子一人《いちにん》ももたずそうろう。そのゆえは、わがはからいにて、ひとに念仏をもうさせそうらわばこそ、弟子にてもそうらわめ。ひとえに弥陀の御もよおしにあずかって、念仏もうしそうろうひとを、わが弟子ともうすこと、きわめたる荒涼《こうりょう》のことな

り。（聖典六二八頁）

といわれています。

「きわめたる荒涼」というのは、非常に厳しい言い方です。親鸞聖人は、自分の力で他の人に念仏を称えさせているわけではない。それなのに、念仏申す人を、私の弟子と主張することは、念仏を私有化することだといわれるのです。こういう主張が、第六章の基軸になっています。つまり、私が称えた念仏で、両親を救うということでもないし、同時に私がひとに教えて念仏させて、私の弟子だという形で、自分の教線を拡大する道具にすれば、それは念仏の私有化なのだと、そういう言い方をされているのです。

このように、親鸞聖人は、よきひとはあっても弟子はないという、非常に独特な念仏の人間観というものを、そこで表明されているわけです。よきひとは、確実にあるのです。親鸞聖人自身、よきひとの仰せをこうむって、念仏者になられたわけですから。しかし、わが弟子というようなことはありえないのだといわれる。つまり、念仏を、人を私有化する道具にしてはならないし、できないものだといわれる。念仏は、すべて如来に帰するものだからです。そういう表現をされたと同時に、念仏によって、死者や先祖を救うということはできないし、そういうものではないのだということをいわれる。それはなぜかというと、死者や先祖を供養して救おうというのは、先祖や亡くなった死者が、私にとって、災いとなってほしくないという思いが裏側にあると思うのです。そのことを表現されたのが、次の第七章です。

八、念仏者は、無碍の一道なり

念仏者は、無碍《むげ》の一道《いちどう》なり。（聖典六二九頁）

「無碍」の「碍」というのは、さわりです。私を縛るものです。念仏というのは、私を縛っているものから、解放されていくということだといわれるわけです。何が縛っているのかというと、そのあとに出てきます。

そのいわれいかんとならば、信心の行者には、天神地祇《てんじんじぎ》も敬伏《きょうぶく》し、魔界外道《まかいげどう》も障碍《しょうげ》することなし。罪悪も業報《ごうほう》を感ずることあたわず、諸善もおよぶことなきゆえに、無碍《むげ》の一道なりと云々（聖典六二九頁）

「魔界外道」とか「天神地祇」というのは、いわゆる日本的な宗教観です。亡くなった人をきちんと供養し、その成仏が可能になるように、こちらで念仏したり、お経を唱えて、亡き人におくることによって、亡き人がちゃんと成仏する。成仏しないと、天神地祇、魔界外道という言葉がありますように、亡き人が、祟るものとなって我々に災いを及ぼすとされるのです。ですから、亡くなった人には、きちんと成仏してもらわないとだめだといわれるのです。これをいわれると、私たちは弱いのです。亡くなった人が、「私はうまく成仏できなかったので、あなたに祟ります」といわれたことは、たぶんないのです。ないのですが、何か自分にとって悲しいことやつらいことがあって、だれかに「それは亡くなった先祖がちゃんと成仏できずに祟っているのだ」とかいわれたりすると、そうかもしれないと感じてしまうわけです

これを、こんなことになったのはあんなことをしたからだ、そんなことをすると後で良くないことが起こるかもしれないといったように、自分の行為に報いを感じる業報感といわれています。ですから、テレビとか雑誌でも、いろいろな方が、「亡き人の供養をしっかりしないと、孫子の代まで祟られます」とか、怖い顔していったりすると、そういうことに我々は縛られて、そうかもしれないと思いますし、そうなったらたいへんだということになるわけです。

私たちの真宗大谷派ですが、亡くなられた方のお骨を分骨して、本山にお納めするということがあります。そういうことが、長年伝統としておこなわれているわけです。ところが、テレビで細木数子さんが、「分骨はだめなのだ、分骨なんかしたら、その人は成仏できずに迷って祟るのだ」といわれたのです。そうしたら、その次の日、本山に「分骨した

お骨はどうなるのだ」「分骨しても、ほんとうに大丈夫なのか」という問い合わせの電話が、朝からずっと仕事にならないぐらい、その部署にかかってきたのです。つまり、そういうことをいわれると、ほんとうに大丈夫かと思ってしまう。それが言い脅されるということです。それが弱みとなり、恐れとなって、人間に行動を起こさせるわけです。

そういうように、「そんなことでは孫子の代まで祟りますよ」とか、「いいことになりませんよ」と言い脅して私たちをコントロールしていく。そういうものが、ここでいわれている「魔界外道」です。それは、父母を供養し、念仏して成仏してもらわないと、私たちに祟るのだと考えさせて、念仏もお経も仏教もその道具にしてしまう。そのことは結局、私が災いを怖れるからです。そういう自分の思いの中で父母や亡き人などを自分のための道具にしている、そういう自分の迷いの姿に目を覚ますということがないかぎり、かならずそういう宗教が我々を縛っていくことになります。ですから、そういうものからの解放ということが念仏なのだということが、第七章では表現されているのです。言い脅されてくる宗教性からの解放、そういうものが念仏だといわれています。

九、念仏は行者のために、非行非善なり

ですから、その次の第八章には、

念仏は行者のために、非行非善《ひぎょうひぜん》なり。（聖典六二九頁）

といわれるのです。「非行非善」といわれますが、「行」というのは、いわゆる祟りを含めて自分にとって悪しきものをはらうための行為であり、「善」というのは、自分が救われるための善根功徳です。そういうような、祟りをはらい、善根を積むためのものが念仏ではないということで、「念仏は行者のために、非行非善なり」といわれているのです。

念仏というのは、祟りをはらうための行や善ではない。念仏は、そういう自己を中心として、自分の都合で、いやなものをひとにやり、欲しいものはひとから奪ってでも集めるという、そういう自分のありように気づかせるためのものなのです。「いずれの行もおよびがたき身なれば、とても地獄は一定《いちじょう》すみかぞかし」（聖典六二七頁）という自分自身に、目を覚ますというところに念仏があるのであって、祟りをはらい、善を集めるための行や善ではないのだということなのです。

そして、第九章へいきますと、

「念仏もうしそうらえども、踊躍歓喜《ゆやくかんぎ》のこころおろそかにそうろうこと、またいそぎ浄土へまいりたきこころのそうらわぬは、いかにとそうろうべきことにてそうろうやらん」と、もうしいれてそうらいしかば、「親鸞もこ不審《ふしん》ありつるに、唯円房《ゆいえんぼう》おなじこころにてありけり。（中略）よろこぶべきこころをおさえて、よろこばせざるは、煩《ぼん》悩《のう》の所為《しょい》なり。」（聖典六二九頁）

といわれます。

「念仏申しても喜べない」という唯円に対して、親鸞聖人は、「あなたの煩悩を喜ばせるものが念仏ではないのだ」といわれたのです。あなたの煩悩を喜ばせるために念仏があるのではないのですよ。煩悩というのは、自己拡大、まず私があってということを中心に、自己の拡大を図っていくというのが煩悩です。たとえば、食べるということも、もちろん煩悩ですが、拡大するのです。食べるだけではない、おいしいものを食べたいとなる。さらに、おいしいものを食べたいだけでは済まなくて、もっと、行列ができるようなお店で食べたいとか、自分だけ食べたいとか、食べるということも自己拡大していきます。もちろん、食べることがだめだとは思いません。大事なことだと思います。しかし、やはり煩悩とは、自己拡大する意識です。煩悩というのは自覚の言葉です。まさに、自分を中心に自己を拡大する、食べることも寝ることもすべて、自分の拡大要求の中で暮らしているということです。ですから、それは当然ひととぶつかるし、争いにもなります。

そのような、自分の拡大要求の中で暮らしているということによって、我々は身を煩い、こころを悩ましているのだという形で、自分自身の問題に目覚めた者が、自らの問題を煩悩と呼んだのです。たんに、動物的な本能的な欲、欲求の煩悩というだけではありません。やはり、煩悩というのは、まさにそのことによって、自分が困り果てているのだということを教えられ、まさしくそうだという、自覚の言葉が煩悩です。たんに、生物学的な欲求だけだと、これは消えるのです。消えることがありますし、衰えます。ところが、それは煩悩がなくなったことなのかというと、そういう意味ではないですね。年を取ったら食欲が減ってきますが、それは食欲という煩悩が減ったということではありません。食欲がなくなったときには、煩悩がなくなったと喜ぶのではなくて、お医者さんに行ったほうがいいのです。

やはり、煩悩というのは、仏教の言葉ですから、まさに、そのことに自分が困り果て、そのことによって、もうほんとうに世の中が傾き、ゆがんでいるのだということを教えられ、目覚めた人が、自分の課題を煩悩と名づけたと思うのです。そういう言葉なのでしょう。

ですから、そういう煩悩が、念仏を喜んだりはしないのです。煩悩が喜ぶことだけをしているとによって、何が起こったのかということを知らせるのが念仏なのです。ですから、念仏の教えを煩悩が喜んだりしないのは、あたりまえですと、こう第九章ではいわれているわけです。非常に際立ったものの言い方です。ここまでの言い方を、親鸞聖人は念仏についてなさっているわけです。

そして第十章へいきますと、

念仏には無義《むぎ》をもって義《ぎ》とす。（聖典六三〇頁）

といわれます。これは、念仏というのは、人間が構築する理屈ではないのだということです。やはり、教化され、こうむるもの、いただくものなのです。ですから、人間が構築する教義ではないのです。

義を立てて、体系づけて納得したいというのは、近代人の特性です。親鸞聖人の言葉を全部整理して、きちんと整えて、そして体系づけて納得したいというのが近代人の性です。整理して理解したいと考えてしまうのが我々なのです。

そのことを親鸞聖人は、第十二章で、

本願に相応して念仏するひとをも、学文してこそなんどといいおどさるること、法の魔障《ましょう》なり、仏の怨敵《おんてき》なり。（聖典六三二～六三三頁）

といわれるのです。これは、かなりきつい言い方です。念仏申すということは、本願に相応するということであって、人間の学問沙汰ではないのだということです。学問をしなければだめだといって、言い脅されるということは、まさに魔界外道と変わらない。ですから、「法の魔障」「仏の怨敵」という言い方をされるのです。

そしてさらに、第十四章へいきますと、

一生のあいだもうすところの念仏は、みなことごとく、如来大悲の恩を報じ徳を謝すとおもうべきなり。念仏もうさんごとに、つみをほろぼさんと信ぜば、すでに、われとつみをけして、往生せんとはげむにてこそそうろうなれ。（聖典六三五頁）

といわれます。私たちが申す念仏は、如来の恩徳への報謝であり、自分の罪を消すための呪文や道具として念仏申していくのではないのだと、そういう言い方をされるのです。

奈良時代の、「阿弥陀供花料資材帳」のお話をしましたが、ふつうは念仏によって阿弥陀仏に自分の過ちを帳消しにしてもらおうとするのです。悪いことをしたら、すぐに念仏して帳消しにしようとするのです。

この第十四章なんかおもしろいですね。悪いことをして、念仏を称えて帳消しにするというけれど、悪いことをして、念仏を称える前に死んだらどうなるのだと聞かれているのです。

また病悩《びょうのう》苦痛《くつう》せめて、正念《しょうねん》に住せずしておわらん。念仏もうすことかたし。そのあい

だのつみは、いかがして滅すべきや。つみきえざれば、往生はかなうべからざるか。（聖典六三五頁）

これは、屁理屈みたいなものですけれども、しかし、そんなことで済まないでしょうということをいいたいわけです。そういう形で、念仏というものは、そういうものではないのだということを、いわれているのです。

十、ただ念仏のみぞまことにておわします

そして、『歎異抄』の後序、いちばん最後にきまして、こういう言葉になります。

聖人のおおせには、「善悪のふたつ総じてもって存知《ぞんじ》せざるなり。そのゆえは、如来の御《おん》こころによしとおぼしめすほどにしりとおしたらばこそ、よきをしりたるにてもあらめ、如来のあしとおぼしめすほどにしりとおしたらばこそ、あしさをしりたるにてもあらめど、煩悩具足《ぼんのうぐそく》の凡夫《ぼんぶ》、火宅無常《かたくむじょう》の世界は、よろずのこと、みなもって、そらごとたわごと、まことあることなきに、ただ念仏のみぞまことにておわします」とこそおおせはそうらいしか。（聖典六四〇～六四一頁）

といわれています。

念仏は何かといったら、念仏は、真実ということなのだといわれます。人間の主張する善悪や、人の在り方や人の世は、移ろい何も確かなことがない。「そらごとたわごと」というのは、そういうことです。現実というのは、人のこころも、人の世の価値観や善悪も含めて、移ろい、確かなことはない。念仏は、確かなことがないということを明らかにして、確かでないものをあてにして、失望を繰り返す私たちのすがたを照らす真実だと、そういうふうにおさえておられるのです。

『歎異抄』の第二章には、

弥陀の本願まことにおわしまさば、（聖典六二七頁）

という言葉が出てきます。親鸞聖人が非常に大事にされるのが、「まこと」、真実ということです。真実というのは何かといえば、私たちのやっている現実が「そらごとたわごと」だということです。

源信僧都は、『往生要集』の中で、『安楽集』の言葉を引用して、

もろもろの凡夫、心は野馬のごとく、識は猿猴よりも劇し、六塵に馳騁して、なんぞかつて停息せん。（『真宗聖教全書』一巻、八五五頁）

といわれています。人間のこころは、サルが木から木へ飛び移るように激しく動き回るもので、一つところにとどまることがないといわれます。そのように、人の世の価値観も善

悪も、そういう形で変わっていく。

親鸞聖人がおられた日本の中世の人たちは、この現実のことを「うつせみ」といいます。「うつせみ」というのは、せみの抜け殻のことで、移ろい、確かなものが何もないということです。

しかし、我々は、現実を空蟬とは考えず、移ろいゆくものだとは思わずに、いまここにあることが全部だと思って、そこにしがみついていこうとする。そして、善悪や価値観を絶対として、それにかなうよう自分を実現するためにがんばります。真実というのは、仏教の言い方では、事実を明らかにするはたらきを、真実というのです。

空蟬というのは、移りゆき変わるのですから、ことあるごとに、日々、事実は変わります。ですから、日々、念仏で真実に遇い続けることができるのです。そういう意味で、念仏というものは、我々を真実に遇わせ、事実を知らせ続けて歩ませる。そういうものを念仏というのだと、親鸞聖人は『歎異抄』の中で展開しておられるのです。そういう展開が、「念仏申す」ということにあるのです。

そのことが、仰せをこうむりて、仰せを信じ、念仏申すという表現となっているのです。そして、そのことが「ただ念仏して」というふうに表現されたということです。そういう意味では、念仏申すという、この『歎異抄』に一貫して流れる一つの念仏という表現は、私たちが念仏を称えることによって、私のほうに何か特別な変化がおこって、私がひどくいいものになって、私が真実になって、私の念仏がひとも救っていく、そういうことではないのだということです。念仏が、私のうえに開かれるということが、すでにもう如来の本願をいただき、本願を確かなものとして、確認して歩むことがはじまるということなのだということです。そのことの全体を、念仏ということで表現されていると思うのです。そういう意味では、私たちがイメージしているものとは、まったく違うものを、「念仏」と親鸞聖人が表現されているということが、『歎異抄』に流れているのです。

二、信　心

一、信じて念仏もうさんとおもいたつこころ

『歎異抄』を読むときには、基本的には、各章ごとに読み進めていくということになるかと思いますけれども、今回は、『歎異抄』全体を一つのテーマにそって見てみたいと思っています。『歎異抄』の中で、一つのテーマがどのように流れ、私たちに何を示唆しようとしているかということを念頭に置きながら、読み進めていきたいと思っています。

それで今回は、「信じる」ということを取りあげてみたいと思います。真宗に限らず、宗教という以上、信心ということのない宗教というのはありえません。ですから、信心あるいは信じるということは、宗教の重要なテーマになるわけです。それでは、信心ということが、『歎異抄』の中ではどのように表現され、信じるということについて、私たちにどういう問題を示唆しているのかということを見てみようと思います。

先回は、浄土真宗の教えにおいて、非常に重要テーマである、「念仏申す」ということ

について、『歎異抄』全体を通して見てみました。その「念仏申す」ということと、「信じる」ということは、内容としては重なっているといっていいと思います。念仏と信心ということが、まったく別の事柄として、『歎異抄』の中に出てくるのではなくて、重なり合って出てきます。

最初は、やはり『歎異抄』第一章の内容が、基本的には要になるわけです。「信じる」ということと、「念仏申す」ということが重なり合っているということが、第一章にはよくあらわれています。

弥陀の誓願不思議にたすけられまいらせて、往生をばとぐるなりと信じて念仏もうさんとおもいたつこころのおこるとき、すなわち摂取不捨《せっしゅふしゃ》の利益《りやく》にあずけしめたまうなり。（聖典六二六頁）

先回も、このことは非常に大事なこととして申しあげましたけれども、私たちは、念仏を申して、念仏していって、だんだんと救われていくというような思いを持っています。念仏申すことによって、何か私のほうに特別なはたらきや変化が生まれるのではないか。そういうふうなイメージを持っているのだろうと思います。ところが、この『歎異抄』の言葉では、念仏申そうというこころがおこったということが、そのまま救いをいただいていることだといわれているのです。念仏していって、だんだん救われていくということではなくて、念仏申そうというこころがおこるということが、そのまま救われたということなのだと、そういう文脈になっています。

そして同時に、ここに「信じて」という言葉も入っています。「弥陀の誓願不思議にたすけられまいらせて、往生をばとぐるなりと信じて念仏もうさんとおもいたつこころのおこるとき」ですから、念仏申そうというこころがおこるということには、かならず信じるということがあるのです。ですから、念仏申そうというこころがおこるということは、その前に信じるということがあるのです。

さきほどから、念仏申すということと、信じるということとは重なると申してきましたけれども、注意すべき点は、『歎異抄』の言葉では、「念仏を信じる」とは出てこないということです。「信じて念仏もうさんとおもいたつ」ですから、「信じる」ほうが先にきます。「念仏を信じる」という文脈ではないのです。もちろん念仏を信じるという言い方もありえるでしょうし、そういう表現がある場合もあります。けれども、少なくとも、『歎異抄』を読んでいきますと、念仏を信じるという形ではないのです。

「弥陀の誓願不思議にたすけられまいらせて、往生をばとぐるなりと信じて」とありますから、信じる内容は、「弥陀の誓願不思議にたすけられて、往生をとげる」ということを信じるのです。もう少し縮めていいますと、阿弥陀如来の本願を信じ、往生遂げるということを信じるのです。そして、この信じるということは、かならず念仏申すということを伴うのです。ですから、念仏を信じるという文脈ではなくて、信じるということには、かならず念仏申すということを伴うと、そういう文脈だと思うのです。ですから、阿弥陀如来の本願を信じたということは、どこで形としてあらわれるかというと、念仏申すという形であらわれる。「信じて念仏もうさんとおもいたつこころのおこるとき」ですから、信じたということは、念仏申すということにおいて確認されるのです。

二、念仏を声に出して称えない

ところが、なかなか念仏申すということがないのです。お葬式や法要にお参りをしても、念仏申す、南無阿弥陀仏と声に出して称えるということが、なかなかないのです。お念仏を称えるということが、なかなかできないという問題があります。ただ、念仏を声に出しては称えないけれども、信じてはいると、そういうことがあるかもしれません。いろいろなお話を聞いたり、本を読んだりしながら、真宗の教えとか、あるいは仏教の思想ということについてはある意味では頷き信じるけれども、念仏申すということはないと。そういう場合があります。それは、ある意味では、具体的に形として変わらないわけですから、信じたということが、非常に観念的であるということがいえるかもしれません。あるいは、いろいろのお話を聞いたり、学習することによって仏教を理解し、その理解を自分で解釈するということで、自分の理解や解釈で仏教を納得し、自分の納得で自分を救うということになります。

あるいは逆に、信じるということは、かならず念仏申すことがあるのだといいましたけれども、いや、信じるかどうかということは、まだわからないけれども、念仏を申すということはあるのだということで、信じられたかどうかは別にして、とにかく念仏を称えようと、そういう場合もあります。それは、そういうこともあると思いますけれども、ひとつまちがうと、それはやはり、称えているうちに信じられるのだろうということになるのでしょう。

親鸞聖人の『浄土和讃』に、

弥陀の名号《みょうごう》となえつつ　　信心まことにうるひとは
憶念の心《しん》つねにして　　仏恩《ぶっとん》報ずるおもいあり（聖典四七八頁）

とあります。「弥陀の名号称となえつつ、信心まことにうるひとは」といわれているのですから、念仏を申しながら信心をいただいていくということも当然あるのでしょう。しかし、称えていればいつの日か信心をいただくのだろうという形で、とりあえず信じられないけれども称えてみようということであるならば、ある意味では、それは呪文とかわらないということにもなります。あるいは、念仏申すということによって、自分がだんだん変化し、いまに信じられるようになるのだろうということで、そういう念仏の行としての効果を期待するということになります。

三、個人的な要求でする念仏

行というのは、救いやさとりに結びつく行為を行というのです。ですから、行為をしても、さとりや救いに結びつかなければ、行とはいいません。

たとえば、比叡山の難行で、千日回峰行というのがあります。三年間ぐらいかけて峰々を回り、最後は京都の街のほうまで下りてこられます。さまざまなお堂や祠をお参りすることを、千日回るというのが、千日回峰行です。その千日回峰行が完成したことによって、何かさとりを開くということがないならば、これは長めのマラソンをしたということと変わりがありません。

坐禅もそうです。長い間坐っていて、はっと気がつくというようなことがなければ、行ということにはなりません。何に気がつきましたかと聞かれて、足がしびれましたというようなことでは、これは行とはいえません。そういう意味では、念仏という行の効果に期待するということはあります。

そうしますと、効果の面でいいますと、念仏というのは、はなはだ頼りないわけです。だいたい、やろうと思えば誰でもできます。誰でもできるようなことで救われるのかと思います。もし救われたとしても、それは誰でも救われるのだから、そんなのはおもしろくないということもあります。自分だけ特別に、みんなといっしょではない、もっとよい救いがないのかと考えたりもします。あらゆる人が救われるといわれると、やってもやらなくても救われるのだったら、やるだけ損だという話にもなってしまいます。だいたい、仏教を損得で考えたりしたら、この寒い中にわざわざお話を聞きに来て、来ない人も来た人も同じように救われると聞いたら、来ないほうがよかったという話になります。そういう意味では、私たちの行に対する考え方というのは、効果があるか、やって得するかどうかということが、どうしても土台になってしまうのです。

そうすると、信じるということも念仏申すということも、そこにあるのは、自分がいろいろ聞いたり、読んだり、学んだりして、自分なりに納得するということでしょう。念仏は称えないけれども信じるという場合は、自分なりに納得するという形に収斂されてきます。あるいは、信じるかどうかはっきりしないけれども、念仏申すということに何か期待をして、効果があるのだろうという形で、信じるかどうかは別にして、念仏申そうということならば、これはやった行に効果を期待し、そして、そういう行をした自分に信頼を置いているということになります。そして、効果があればいいし、効果がなければ、やはり念仏くらいでは、誰でもできるようなことではだめだと、他人にできないようなことをやらないと、たいしたものにはなれないのではないかと思います。

そうすると、ひとと違うことをして救われるということもそうですし、自分なりに納得するということもそうですが、救われるということが個人プレーになるのです。個人の関心です。私たちが、宗教というものに対する関心の持ち方、あるいはこころの寄せ方や、お話を聞いたりしながらも持っているもの、ある意味では前提としているものは、個人的な要求です。不安にとらわれているから不安をなくしたいとか、あるいは、いろいろな苦労や悩みをなんとかしたいとか。より善いものとしてそれを受け止めていけるようにして、自分の不安や悩みや苦労を、別のものに持ち替えたいと思います。そのように、自分の思いや願いが全部かなうという形で、思いが満たされるものとして、個人的な要求という形で宗教にこころを寄せるということが基本にあるのだと思います。つまり、私ひとりの救い、私がなんとか救われたいのだという個人的な要求です。ですから、念仏申すということはないけれども、自分なりに納得しようと、そして、信じてみると。あるいは、信じるかどうかわからないけれども、自分が救われることを目指して、念仏申すということになります。そういうものの根底には、やはり個人的な要求ということがあります。

四、如来の根源的要求を信じる

それに対して、親鸞聖人は、

弥陀の誓願不思議にたすけられまいらせて、（『歎異抄』聖典六二六頁）

弥陀の本願には老少善悪《ろうしょうぜんあく》のひとをえらばれず。ただ信心を要《よう》とするとしるべし。（『歎異抄』聖典六二六頁）

しかれば本願を信ぜんには、他の善も要《よう》にあらず、（『歎異抄』聖典六二六頁）

と、信じるというのは、念仏を信じるのではなくて、本願を信じるのだといわれるのです。

私たちは、宗教的要求というのは、個人的要求だと思っています。私の悩みや不安がなくなったり、それが喜びに変わったり、幸せに満たされたり、そういう個人的な要求が宗教的要求だというふうに感じています。ところが、親鸞聖人は、そうではないといわれるのです。私たちにとっては、本願を信じるということがあるのだとされます。本願というのは、私たちの個人的な要求ではないのです。如来の本願は、一人ひとりの個人的な要求ではなくて、如来の本願というのは、如来の根本的要求です。如来の根源的な要求を、本願というのです。私たちは、私の個人的な要求が満たされて、かなえられて、救われるのではないのです。如来の根源的な要求に救われるのだと、このように親鸞聖人はいわれているのです。

私たちは、救われるというのは個人的な要求や思いがかなえられるということだと、どこかで考えているのです。もちろんお願いをすれば、ご利益があって、病気が治るとかお金がもうかるとか、そういうことを信じているのではないけれども、個人的な、私たちの満たされない思いや不安や悩みが、どこかで解決されるのだと思っているのでしょう。それに対して、親鸞聖人は、如来の根源的要求によって我々は救われるのだといわれる。ですから、私たちの個人的要求が満たされるということではないのだと、最初にそういう言い方をされるのです。

本願というのは、十方衆生というふうに呼びかけられている願いの内容です。私というものがないのです。十方衆生なのですから。あらゆる人々が、あらゆる人々とともにというのが、根源的な要求なのです。

そして、あらゆる人々を人民とする国土が開かれるということが、如来の本願の内容になっているのです。あらゆる人を人民とする。「人民」というのは、「じんみん」ですね。

仏教読みでは「にんみん」といいます。十方衆生、あらゆる人を人民とする国土が開かれるのだと。そういうことが如来の本願として表現されています。私たちは、この如来の要求に、根源的な要求に救われるのです。そして、その要求を生きる者になるのです。それが往生を遂げるということだといわれるのです。

ですから、「十方衆生よ」という呼びかけである念仏申すということが、当然、根源的要求に出遇った者は、その呼びかけに応じて、その根本的要求を、要求として生きようということになるのです。念仏に呼びかけられた者は、念仏に応えて立ち上がるということです。かならず念仏申すという行為、行動を伴うのだと、そのように親鸞聖人は、信じるということを表現しておられるのです。私の個人的な要求が満たされるということを信じるのではなくて、如来の根源的な要求を信じるのです。そのように、親鸞聖人は表現しておられます。

五、倶会一処の願い

「老少善悪をえらばず」といわれていますが、老少善悪を選ばないというのは、「老少」というのは、年を取った人も若い人もということです。直接にはそういうことなのですけれども、「老」というのは、たんに年を取っているということではないのです。

「老」というのは、たくさんの経験や苦労を重ね、豊かな知識と熟成された人格が身に備わっているという意味でもあるのです。それに対し「少」は、歳が若いということももちろんありますが、まだ経験が浅く、知識も乏しく判断力も充分に備わっていないということでもあります。

ですから、「老少善悪をえらばず」ということは、人間の知識や経験やそこからくる人格が、念仏の救いについては関係がないのだということです。たくさんの経験や知識をもっていないとわからないとか出会えないということではないし、練れた人格がある人が救いに近いということでもないということです。そうした人間の側の要素は、関係ないということです。

不足する知識や経験を補って救われるのでも、至らない人格が円満になって救われるのでもないのです。むしろ人間が頼みとする知識や経験、人格というものを追い求め、それを満たそうとする方向にある問題を明らかにしてくるところに、本願の教えがあるといえるのではないかと思います。

その本願の世界は、あらゆる人を人民とするような国土だといわれます。あらゆる人を住人とする国土、それを浄土と表現されるのです。その浄土ということなのですけれども、お経の言葉では、「倶会一処《くえいっしょ》」（『阿弥陀経』聖典一二九頁）と説かれています。ともにひとつのところで出会う。あらゆる人とともに出会うと、そういう言葉が浄土の表現として出てきます。これは如来の根源的な要求です。そういうものに、我々は救われるといわれているのです。

六、狭さや偏りのある人間の願い

私たちが、ともにひとつのところに出会うというのは、それは人間の要求でもあるのだといえなくもないのですが、ちょっとそこには問題があって、これはいえないのです。昨年の暮れに、私のおじが亡くなったのです。それでお葬式に行ったのですけれども、そのおじの息子、私にとってはいとこなのですが、私より歳がひとつ下なのです。そのいとこが、「父親が亡くなってみて、あらためてお経の中の『倶会一処』という言葉を信じたい気持ちになった」といったのです。もう一度父親に会いたい、ぜひ会いたいと思うから、倶会一処という世界を願わずにいられないと、そういうことをいったのです。気持ちとしてはよくわかりますし、そうだなと思って聞いていました。

しかし、後になってよくよく考えたみたのですが、そのおじといとこは仲の悪い親子で、ずっとけんかをしていて、周りの者もずっと困っていたのです。ですから、いとこは父親にもう一度会いたいというのですが、もしその願いがかなって、おじといとこがもう一度会うとどうなるかというと、またけんかをはじめると思うのです。会うまでは浄土なのですが、会ったとたんに修羅場に変わってしまうのです。人間というのは、どうもそういうところを持っています。そのようなことを、あらためて思うのです。

おじが病気になって、いよいよだめだというときになってから、いろいろ話をしたことがあって、そのことが思いとして残ります。そのときに大事なことは、長い間いっしょにいたけれども、最後に少し話をしてみたら、まったく出会っていなかったということがはっきりしたということです。そのことがはっきりしたものですから、ぜひとももう一度会いたいという思いが残るのです。それはよくわかります。しかし、それは、やはりいとこの個人的な要求なのです。その要求が満たされて、実際に会うと、きっとまたけんかをすると思うのです。

私たちには、あいつとは二度と会いたくないということもいっぱいあります。ですから、私たちの会いたいというのは、自分の好みと自分中心の思いとによって、偏りゆがみます。ですから、私が出会うといったら、もう倶会一処ではないのです。あらゆるものとともに、ということではなくなっているのです。しかし、同時に、そういう人間の思いの狭さや偏りを知らせて、会うということをもって、世界とするという願いがあるから、会いたいということもあります。同時に、会えばまたけんかしかできないという自分の限界や、あの人とならいいけれども、この人とは二度とごめんだと、そういうものを持っているということも、また知らされてくるのです。ですから、本願というのは、人間の要求と同じとはいえないということなのです。

私たちは、やはり、如来の根源的な要求に促され促されして、自分の事実をいただきいただきして歩むということであるのです。そういうことを、本願を信じ、往生を遂げると、そういうことで表現されているのです。ですから、人間の誠実さやまじめさや努力を信じるということではないのです。もちろん、努力が悪いとか、誠実が悪いという意味ではありません。けれども、むしろそのことにひとつの問題を見ていくような視野の広さが、如来の根源的要求というものにはあるのだろうということを思います。

七、無縁社会の中の孤独死

このごろ、「無縁社会」ということが話題にされ、その中の「孤独死」ということが現代社会の問題としてとりあげられています。無縁社会あるいは孤独死というようなことを聞くと、衝撃を感じるというのは、正直な感覚だと思います。そしてそのときに、自分もそういうふうになってしまうのではないかという、怖れと不安を感じるのでしょう。そして、私たちは、孤独死であるとか無縁な関係にならないようにするにはどうしたらいいかと考える。自分はどうしたら、そういうことを免れることができるのかと、どうしても我々の意識は動きます。

しかし、たしかにそういうふうに意識が動くのですけれども、孤独死ということで考えてみると、人間は死ぬときはみんな独りなのです。どれだけおおぜいの人に囲まれて、手を握ってもらって死んでも、死ぬときは独りです。手を握っている人でも、「では私もいっしょに」とはいってくれません。ですから、死ぬときはみんな独りなのです。いっしょに死んでもらうわけにはいきませんし、いっしょに死んであげるわけにもいきません。仏教では、独生独死といいます。独り生まれ、独り死ぬのです。ですから、どうしたら孤独死を免れてみんなに看取られるかというように、人間の意識が動きますけれども、どう意識が動いたとしても、死ぬときは独りなのです。

私たちは、無縁社会とか孤独死という問題が提起されたときに、自分はどうなるのだろうという不安をともなった衝撃を感じます。その衝撃の根底には、如来の根源的要求という形で示された、ともに生きるという願いが実現した国土である浄土を失ってしまったという喪失感があるのではないかと思うのです。周りの人々と、まったくつながることもなく、誰かに寄り添われることも、看取られることもなく、ばらばらで生きている。ともなるものがいっさい失われているという、そういう国土の喪失感が、ほんとうはあの衝撃の根底にあるのだと思うのです。

如来の本願によって示された、根源的な要求が開く国土、世界、そういうものをまったく喪失している、まったく失われている世界に身を置いているという衝撃が、私たちを立ち止まらせ、たじろがせるのだと思います。

しかし、その衝撃から、具体的にこころが動き出すのは、自分はどうしたら孤独死を免れることができるのかという個人的な要求なのです。根源的な願いに促されて、こころが衝撃を受けたとしても、そこから生まれてくるのは、それをまぬがれたいという個人的な要求でしかないのです。ここが人間の厄介なところです。ですから、いろいろな形で、言葉を尽くして、その根源的な願いが表現されてきたのです。すぐ根源的な願いにいきつけるということならば、仏教は必要ないともいえるのです。ところが、私たちは、また個人的な要求に持ち替えて、戻ってしまうのです。ですから、帰れという形で呼びかける教えが本願という形で、私たちに届けられているのです。

さらに、私たちは、なかなか、ともなるということが失われているという喪失感も共有できないのです。なぜなら、やはり、私たちがああいうニュースや番組を見たときに、自分の家族や自分の子どもや自分の孫が、ああならないようにしてもらいたいというふうに動いてしまうからです。

私たちは、一人ひとりばらばらになっていて、孤立していても、その孤立のなかで競い合うのです。「あの人よりは」とか「あんなやつよりは」という言い方をして競い合うのです。そして、あんなふうにならないようにするためにという形で争い、格差をつくるのです。これが、私たちの人の世のつねなのです。孤立させ、競い合い、比較しながら、安心をしたり、がっかりしたりする。そういう形で格差を生み出す。そして、その中で、自分は取り残されるのではないかと不安をあおられ、取り残された者は、自己責任だと切り捨てられる。こういう社会や人間がつくる世の体制というか、在り方が問題だというところには光があたらずに、せっかく、ともなるという世界を喪失しているという喪失感がありながら、それが共有されずにいる。そして結局、また取り残されないために、自分は、家族は、子どもは、孫をどうするという形で、また、比べ合い、競い合うほうへ戻ってしまうのです。

そして、自分たちはそうならないようにどうするかというと、自己関心に集中してしまうのです。そして、その自己関心の中で、宗教ということも考えてしまうわけです。これは厄介なことです。そういう私たちに対して、本願を信じるのだというように、親鸞聖人は、まったく別のベクトルで表現されているのです。私たちのこういう思考に対して、まったく違う方向からものをいわれているのです。そのように違う方向からいわれていることを考えるときに、同じ方向で本願というのを考えてしまいますから、またそれを個人的な要求を満たすというものに取り込んでしまうのです。非常に厄介なことを申しあげていますけれども、そういうことを感じます。

ですから、私たちは本願によって救われるのだ。個人的な要求が満たされて救われるのではないのだと、そういうことを繰り返し繰り返し、じつは『歎異抄』のなかで語られているのだと、そういうことを一つの基点としておきたいと思います。

八、本願に救われる

孤独死とか無縁社会ということが、衝撃的に私たちに感じられるのは、ともに会う、ともに生きるという、そういう如来の根源的な要求が示唆するような世界がまったく閉ざされて、そういうものを喪失しているという感覚があるからです。ところが、それは、私たちの個人的な関心、自分はどうしたらそれを免れるかという方向へ、一人ひとりまた帰っていってしまうのです。そのように、一人ひとりのところへいってしまいますから、またばらばらになってしまうのです。親鸞聖人は、一人ひとりが願う浄土は、一人ひとりがばらばらで、その行為、業が千差万別ですから、そこに願われてくる浄土も千差万別になってしまうといわれるのです。ですから、浄土というのは、私たちが千差万別で、一人ひとりになってしまうということについて、その閉塞さ、偏りとゆがみというものを知らせるはたらきをするものなのです。ともにという世界を喪失している私たちに、自分たちの狭さや偏りや、そして閉鎖性を破ることを迫ってくるような形で、じつは如来の本願があるのだと、そういうことをいわれたのが親鸞聖人という人だと思うのです。

もちろんこれは、ほんの一例ですけれども、はたしてばらばらで、一人ひとりがつながらないようにさせられて、そして、「互いにがんばらないと、ああなりますよ」という形を見せられて、そして、競い合い、比べ合って、そして、できない者は自己責任というふうに切り捨てられ、うまくいった者は、われこそはという形でいばる。そういう意味では、私たちがつくっている社会は、孤立と比較と慢心というものによってつくられてしまうのです。

さらに、私たちには、我々自身もばらばらにし、競い、比べ、そして喜ぶというものを、個人のなによりの要求として持っているということが、またあるのです。

そういう我々の問題に、本願というものが光をあててくださるのです。そういうことによって、本願を信じるということがおきる。親鸞聖人は、そういう世界をいただいた人ではないかというように思います。ですから、ばらばらにし、競わせ、比べ合いをし、そのことで差をつけて、差の上に立った者が下を押さえ込むという、そういう人の世のありさまの問題をするどく指摘されますから、世の体制から流罪にされてしまうのです。おそらく、そういう人だったのだと思います。

さきほどいいましたけれど、私たちは個人的な要求がかなって救われるのではなくて、本願に救われるのです。本願を信じるということがあるのです。第二章のほうへいきますと、その本願を信じるということが出されてくるのです。そしてそれも、念仏申すということとも重なるのです。

九、本願に生きる人の仰せによる

親鸞におきては、ただ念仏して、弥陀にたすけられまいらすべしと、よきひとのおおせをかぶりて、信ずるほかに別の子細《しさい》なきなり。（聖典六二七頁）

このようにいわれていますから、本願を信じるというのは、私が信じるということにはならないのです。本願を信じるというのは、本願を信じ、念仏申す、いわゆる往生の歩みをなす人の教化によらなければいけないということです。本願に遇って、本願に生きる人の教化、仰せによるのだということです。それによって、本願を信じるということがあるのです。これは、もうひとつの親鸞聖人の教えを語る重要な要因です。人間が信じるということ、私が私で信じるということではなくて、本願に生きる人によって、本願が伝えられるのだということです。

そして、次に、

いずれの行もおよびがたき身なれば、とても地獄は一定《いちじょう》すみかぞかし。（聖典六二七頁）

といわれています。

その本願を生きる人によって知らされた内容は、いかに自分は個人的な関心を宗教的要求としていたか、自分だけが助かるということに関心を持っていたか。自分だけが助かるために、この行をすれば、あの行をすればという形で試みていた。けれども、どの行をもってしても助からない者だと知らされる。個人的な要求が満たされても、人間は助からないのだと知らされるのです。個人的な要求が満たされて、自分だけ助かれば、あとはいばるだけです。ひとを見下していばるために救われるのですか。そういうことではなかったのだ。身というのは、いつもいうように、悩みや不安というものが尽きないのです。

悩みや不安は尽きないはずです。私たちは、自分のことが全部わからないのですから。ここにいる人は、みんな共通しています。今夜の晩御飯は、誰も食べていません。もう食べたという人はいないと思います。ですから、晩御飯が食べられるか、食べられないかもまだわかっていませんし、何を食べるか、頭の中でメニューを考えてきた人はあるかもしれませんが、そのとおりになるかどうかわかりません。これはまだ経験していないからです。経験していないことは、いっぱいあります。今夜の晩御飯は、まだ経験していません。そういう意味では、我々は先が全然わからないのです。

いままでやってきたことも、全部わかっていません。どうして、ああなったのかということが、わからないということがあります。どうして、こんなことになったのかということがわからない限り、我々は納得できないのです。しかし、ほとんどのことは、どうしてということを持ちながら、それは満たされません。そういうことがありますから、我々は思いが尽きない身です。そして、尽きない身を持ちながら、その身が、思いにかなって、思いどおりになるのが人生だと考えて、それこそ、さきほどいいましたように、孤立し、比べ、競い合うわけです。その結果、できるのは、地獄です。無縁社会とかいいますけれども、これは地獄です。言葉も通じないし、こころも通じ合わない。そういうものをじつは、個人的な宗教要求としてつくっていた。逆にそういうことがあるのです。そういうことが、本願によって浮かび上がったのです。

それが、「いずれの行もおよびがたき身なれば、とても地獄は一定すみかぞかし」という確信です。たしかにそうだったと。そういう内容が、信心の内容として、信じた内容として、表現されています。

十、弥陀の本願まこと

そして、次に、

弥陀の本願まことにおわしまさば、釈尊の説教、虚言《きょごん》なるべからず。仏説まことにおわしまさば、善導《ぜんどう》の御釈《おんしゃく》、虚言《きょごん》したまうべからず。善導の御釈まことならば、法然のおおせそらごとならんや。法然のおおせまことならば、親鸞がもうすむね、またもって、むなしかるべからずそうろうか。（聖典六二七頁）

ここにずっと続いているのは、「弥陀の本願まこと」「仏説まこと」「善導の御釈まこと」「法然のおおせまこと」という、「まこと」ということです。仏説というのは、釈尊の説法です。そして、善導というのは、中国の方ですが、いまから千三百年前に、中国に生きておられた、まさに浄土真宗の教えを中国で広めた方です。その善導大師の教えを承けて、日本で念仏の教えを広められたのが、法然上人です。その法然上人が、親鸞聖人の直接の先生です。

そのように、親鸞聖人の元にまで、念仏の教えを伝えられた、それぞれの人がいわれることに、全部「まこと」ということがついているのです。「まこと」というのは、真実ということです。ですから、本願を信じるというのは、自分にとって都合がいいからとか、思いにかなうからとか、あるいは、とりあえず信じてみるということではなくて、まこと、真実だから信じるのです。真実というのは何かというと、事実を教えるはたらきを、真実といいます。人間が真実になるという教えではないのです。仏教は、人間が真実になるという教えではないのです。真実にはなれないのが、人間の事実です。あらゆることに公平で、偏らず、ゆがまず、あらゆるものに開かれているという人間に、私たちはなれないのです。物理的な限界もありますし、こころの狭さは、もういうまでもない。真実というのは、あらゆるものに妥当しなければいけません。あらゆるものに妥当できない狭さと限界を持っている、それが我々の事実です。その我々の事実を知らせてくるものを、真実というのです。ですから、「本願まこと」というのは、本願は真実であり、本願の教えが私の事実を開いてくれると、そういう意味です。

十一、願をおこしたまう本意、悪人成仏のためなれば

その次、第三章へいきますと、有名な悪人という言葉が出てきます。

煩悩具足《ぼんのうぐそく》のわれらは、いずれの行にても、生死《しょうじ》をはなるることあるべからざるをあわれみたまいて、願をおこしたまう本意、悪人成仏《じょうぶつ》のためなれば、他力をたのみたてまつる悪人、もっとも往生の正因《しょういん》なり。（聖典六二七～六二八頁）

『歎異抄』では、ここから、本願を信じるということについて、それは人間のほうに根拠はないのだということを説かれるわけです。本願を信じるということが成り立つのは、本願に由来があるといわれるのです。本願を信じるということは、本願のほうに由来するという言い方、本願のほうに原因があるのであって、人間のほうに原因があるのではないのだということです。ですから、ここにも「願をおこしたまう本意」と書いてあります。願をおこしたまう本意というのは、如来のほうの本意です。願がおこされた本意は、人間のほうにはないのです。人間にあるのは、「いずれの行にても、生死をはなるることあるべからざる」ということが、人間のほうにある事実です。

この「生死」というのは、迷いということです。生死という言葉の語源は、インドの言

葉は、サンサーラといいますけれども、サンサーラというインドの言葉は、訳し方によって、生死とも翻訳しますし、輪廻とも翻訳します。語源は同じなのです。流転輪廻という言葉も、親鸞聖人は使われます。ようするに繰り返すということです。同じところをぐるぐる回りながら、忙しい忙しいといって、ぐるぐる回りながら、本人は回っていないつもりです。まっすぐに行っているつもりなのですけれども、同じことをぐるぐる繰り返して、それに気がつかないのです。仏教では、そういう形で、人間の迷いを表現します。

そのような、自分のすがたに気がつかないということが迷いです。道に迷うという場合もそうです。もちろん道路がわからないということもあるのですけれども、基本的には、自分がどこにいるかわからないから迷うのです。地図を持ちながら迷うことがあります。地図を持ちながら迷うのは、なぜかというと、地図の中で自分がどこにいるのかわかっていないから迷うのです。ですから、地図があれば迷わないというものではないのです。

高山は観光地ですから、よく地図を持って歩いていらっしゃる方が迷っておられます。どうするかというと、あなた、いま、ここにいますと、地図で指せば、ああというふうにわかるのです。自分のいる場所がわからないから迷っているのです。いくらいい地図を持っていてもだめです。

要するに、迷うというのは、自分がいまいるところがわからないということが迷いなのです。私たちに、その事実を知らせようと、あなた、いま、ここにいますよという事実を知らせようというのが、本願、根源的な要求の本意だといわれているのです。そういう本意があるから、私たちのうえに信じるということがおこるのです。悪人といわざるをえないということを忘れて、比べて、競い合って、勝ち残ろうと、そういう形で、善なるものになろうと、競ってがんばっている。悪といわざるをえないという私たちの事実に、気づかせようというのが本願なのです。ですから、本願を信じるということは、本願をたのむということで、信頼するということです。自分の考えよりも、本願のほうを信頼する、そういう形で信じるということが開くのです。

十二、信心をわがものがおにとりかえさんとする

その次は、もっと端的に出てきます。第六章にいきますと、

師をそむきて、ひとにつれて念仏すれば、往生すべからざるものなりなんどいうこと、不可説《ふかせつ》なり。如来よりたまわりたる信心を、わがものがおに、とりかえさんともうすにや。（聖典六二九頁）

といわれます。これは非常に端的です。信心というのは、「如来よりたまわりたる信心」

だといわれます。これは『歎異抄』独特の表現ですし、そのことが二回出てきます。如来

を信じるこころは、如来からもらうのであって、自分でおこすのではないのです。信じる

というこころは、如来のほうに原因があるのです。本願や如来に由来して、如来を信じ、

本願を信じるということがあるのだと、そういうことが『歎異抄』では、第六章に出てき

ます。

第六章は、師と弟子の問題なのですけれども、これは、親鸞聖人が生きておられる間に、こういう問題が起きるのです。これは私の弟子だと思っていた人が、自分のところではなくて、ほかの先生のところへ行って学ぶようになった。けしからんということで、取ったとか取られたというふうに、けんかをするようになったのです。それで、師に背いて信心してはだめだというふうにいい出す人が出てきたのです。それで、親鸞聖人は、信心というのは、信じるこころというのは、如来が開かれたものであって、人間が与えたり、人間が人間からもらったりすることができるものではないのだといわれたのです。そのように争うこと自体が大きなまちがいだと、そういうことをお手紙などでもいわれています。

本願を信じるというのは、本願のほうに根拠があるのです。そのことを『涅槃経』というお経の中では、「無根の信」（「信巻」聖典二六五頁）という言葉であらわされています。無根の信というのは、人間のほうに根拠がないという意味です。無根、人間のほうに土台が

ない、根拠がないのだといわれる。しかし、本願を信じるということが、人間のうえに開くというのは、人間が信じたのではなくて、本願によって開かれたのだと、こういう表現をされているのです。

『涅槃経』では、

我今仏を見たてまつる。これ仏を見るをもって得るところの功徳、（「信巻」聖典二六五頁）

と説かれます。つまり、如来に遇い、如来の教えに遇ったことによって、信じるということが開いたという表現なのです。ですから、知らないものは信じられません。信じようがないのです。ですから、知らないけれども、とりあえず信じるというわけにはいきません。ですから、本願の教えに出遇うということが、信が開くということの根拠なのです。ですから、如来のほうに根拠があるのであって、私のほうが信じて如来に遇うのではないのだと、そういう言い方です。

人間は、信じるというふうに口に出した場合は、だいたい信じていないのです。あなたのこと信じていますからといわれたら、かなり疑われていると思ったほうがいいです。念押しされているのですから。念押ししなければならないということは、信じていないから念押しするのです。わざわざ口に出さなければならないということは、むしろ疑いが強いのです。

ところが、もう事実として、遇ってしまえば、疑いようがないのです。私のうえに開いたということに、根拠があるのです。私のほうに根拠があるのではないのだということで、「無根の信」ということを、親鸞聖人は非常に大事にされます。そういうことと同じことで、「如来よりたまわりたる」という表現をされます。

十三、念仏のもうさるるも、如来の御はからいなり

その次は、第十一章です。

誓願の不思議によりて、たもちやすく、となえやすき名号《みょうごう》を案じいだしたまいて、この名字をとなえんものを、むかえとらんと、御約束あることなれば、まず弥陀の大悲大願の不思議にたすけられまいらせて、生死《しょうじ》をいずべしと信じて、念仏のもうさるるも、如来の御はからいなりとおもえば、すこしもみずからのはからいまじわらざるがゆえに、本願に相応して、実報土《じっぽうど》に往生するなり。（聖典六三〇～六三一頁）

ここでは、「生死をいずべしと信じて、念仏のもうさるるも、如来の御はからい」だといわれています。自分のほうで計算して、自分の計算でやるのではないのだと。私の計算

や私の考えで信じるのではないのだと。私たちが計算すれば、「いちおうあの人のことだから、信じていいだろう」というのが、我々の計算というものです。「あの人だから、まあ信じて」と、そのあの人が裏切った場合、たいへんです。恨みは倍になります。あの人は信じられないなと思っていた人が、えらくいいこと、自分にとっていいことをしてくれると、「思ったよりも」と、非常に失礼な形で、その人が誠意を尽くしたのに、思ったよりもいい人じゃないかというように、全部自分を中心に計らうわけです。我々は、信じるということもすべて自分で計算します。ところが、「信じる」ということは、私たちの計算の外の話だということです。

十四、本願を信じ念仏をもうさば仏になる

次は、第十二章です。

他力真実のむねをあかせるもろもろの聖教《しょうぎょう》は、本願を信じ、念仏をもうさば仏になる。そのほか、なにの学問かは往生の要《よう》なるべきや。（聖典六三一頁）

つまり、本願を信じるということは、学問のうえに構築される意識ではないのだということです。これは、現代人にとっては痛烈です。現代人は、知識や知性を磨くことが救い

になっていくと考えます。知識の集積や、そのことによって知性を磨いて、知的になるということが、救われるということだと、どうしても考えたいのです。親鸞聖人は、そうではないといわれるのです。知識や知性というものは、事実の前には吹き飛んでしまうということがあります。もちろん、それは知性をばかにするわけではありませんし、不必要なものだというわけでもないのです。けれども、知っていることが、かならずしも人間を救うことにつながらないということがあるのです。

私は、以前、脳ドックを受けたことがあります。脳梗塞とか、脳の中の血の固まりとか、そういうのを発見するのが脳ドックです。脳の中を、ＭＲＩで調べるわけです。そのときに、脳外科の先生が、「受けるのですか」といわれるのです。受けたいから来ているのに、変なことをいう人だなと思って、「はい」と答えたら、

「受けると、ひょっとしたら、手術のできないところや、治療困難な場所に動脈瘤とか脳梗塞が見つかるかもしれませんが、それでもいいですか。いつ、それが破裂するかわからないという不安を抱きながら、いまから生きていくことになるのですが、それでもいいのですか」

といわれたのです。正直「まいったな」と思いましたが、やはり受けてきました。

やはり、そんなことを知ったらたいへんですね、やはり不安です。お医者さんとしては、

そういうことをいわずに検査をして、「不安にしたじゃないか」といわれないように、前もっていわれたのです。このことからもわかりますが、知るということが人間を全部救わないのです。いろいろなことがわかっていけば、人間は救われると思うのですが、ひとの気持ちがわからないから、いい部分もあるのです。もし全部わかったら、なかなかたいへんです。

ですから、知性とか知識というもののうえに信心が開くということではないのです。むしろ、知性や知識が持っている危うさというものをかえって開くのだろうと、そういうことだと思います。我々は、知識を持てば、知識を頼りにします。しかし、どんなに知っても、それは知らないもののたくさんある中の一部です。どこまでいっても、知っていることの外側はわからないのです。

そういう意味では、知っているということには、外にたくさん知らないことがあるということがあるのです。けれども、全部わかったつもりになるのです。そういう意識が、本願を信じるということではないのです。そういうことを、第十二章ではいわれているのだと思います。

十五、業報にさしまかせて、ひとえに本願をたのみまいらす

次の第十三章では、

されば善きことも、あしきことも、業報《ごうほう》にさしまかせて、ひとえに本願をたのみまいらすればこそ、他力にてはそうらえ。（聖典六三四頁）

といわれます。本願を信じるとは、たのむということで、善いことをしたので助かるだろう、あるいは、悪いことをしたので助からないのではないかと、自分で詮議せず、本願を信頼するということだといわれています。こんなことをしたから救われないのではないか。こういうことをしたから、他人よりはちょっといいから救われるのではないかと、私たちははからいますが、そういうことはない。救われるというのは、人間の業によらないのです。本願を信じるということは、人間の行為によらないのです。

それから、第十五章では、

「浄土真宗には、今生《こんじょう》に本願を信じて、かの土《ど》にしてさとりをばひらくとならいそうろうぞ」とこそ、故聖人のおおせにはそうらいしか。（聖典六三七頁）

といわれています。ここでいわれる故聖人というのは、親鸞聖人のことです。「浄土真宗

には、今生に本願を信じて」と、親鸞聖人がいわれた。ですから、本願を信じるのは、いま信じるのです。「今生において」というのは、いま生きている、いまです。いま信じるということが開くのです。ですから、だんだん信じていくということでもないし、助かってから、助かったので信じようということで信じるのでもないのです。あるいは、死んでから信じるのでもない。今生においてですから、本願を信じるということは、いま信じるということが開くのです。

十六、回心ということ、ただひとたびあるべし

さらに第十六章にいきますと、

一向専修《いっこうせんじゅ》のひとにおいては、回心《えしん》ということ、ただひとたびあるべし。その回心は、日ごろ本願他力真宗をしらざるひと、弥陀の智慧をたまわりて、日ごろのこころにては、往生かなうべからずとおもいて、もとのこころをひきかえて、本願をたのみまいらするをこそ、回心とはもうしそうらえ。（聖典六三七頁）

と、日頃のこころでは救われないといわれます。「日ごろのこころ」というのは、日常意識です。私の個人的な要求を、宗教的要求と置き替えていく意識です。これさえなかった

ら、あのことさえなかったら、もっと悩みはなくなるし、不安は消えたはずだ。こんな苦労はしたくないので、もっと楽になれないかというのが、我々の日常意識です。日常意識が救われたいのです。日常意識を満足したいというのが、我々の「日ごろのこころ」なのです。そういう人間の個人的要求を満足させるということなどは、どこにもないのです。むしろそのことで、人間は、さきほどからいっているように、孤立し、競い合い、比べ、いばると、そういうものをつくっていったのです。そういった人間の日常の意識の問題性が、その狭さと偏りが、本願という根源的な要求によって、知らされ、個人的な要求が破れる。ともにという世界をいただかないかぎり、どこにも救いはないのです。ともにというこころを喪失していた、そういう感覚を失っていたということがわかるということが、それを学び続けるということがはじまりなのです。ですから、回心というのは、反省ということではありません。私の個人的な要求の満足を願っていたものが、はじめて方向が転換されるということが回心です。それが本願を信じるということになるのだと、こういわれているのです。

そのあとで、

すべてよろずのことにつけて、往生には、かしこきおもいを具せずして、ただほれぼれと弥陀の御恩の深重《しんじゅう》なること、つねはおもいいだしまいらすべし。しかれば念仏も

もうされそうろう。(聖典六三七〜六三八頁)

といわれています。ここに、「かしこきおもい」というのが出てきます。「かしこきおもい」をもって救われていくのではないのです。「かしこきおもい」というのは、穏やかで品のある、内省的な謙虚さといってもいいでしょう。ですから、べつに悪い意味ではありません。しかし、自分で努力して、そういうこころになるということではないのです。あらゆることを通して、如来の本願の教えをいただくことなのです。私たちは、自分のこころのほうが、「かしこきおもい」を具するように変化するのだと考えるのです。そういうことではない。「かしこきおもい」というのは、内省的な謙虚さですが、それは条件や縁によって変わってしまいます。人間のこころですから。そういう人間の抱いた「かしこきおもい」が崩れさり、崩れてはつくり、崩れてはつくりということを繰り返す。そういうことを繰り返しているということを知らせていただく。そういうものに寄り添って、諦めずに知らせてくださる。そういう如来の御恩をいただくということが、本願を信じるということだと、こういう表現になっているのです。

十七、本願を信じて、本願に救われる

第十八章では、

いかにたからものを仏前にもなげ、師匠《ししょう》にもほどこすとも、信心かけなば、その詮《せん》なし。一紙半銭《いっしはんせん》も、仏法のかたにいれずとも、他力にこころをなげて信心ふかくは、それこそ願の本意にてそうらわめ。（聖典六三八〜六三九頁）

といわれています。

お布施の額で、人間は本願を信じるのではなく、救われるのでもない。そういう言い方をされて、信心は、たくさんお布施ができるとか、学問ができるとか、品格があるとか、個人の資質によるのではなくて、如来の本願を信じるというのは、如来によるのだといわれます。そういうことを、第十一章以降に繰り返し繰り返しいわれているのです。第十一章の前は、本願を信じるということは、全部本願によるのだということをいわれてきた。そして、こういうものによって本願を信じるということはおこるのではないのだということを、第十一章以降は、丁寧に語っておられるのです。そういう形で、本願を信じるということが展開されています。

そして、最後に、『歎異抄』のいちばん最後、後序にきますと、

「善悪のふたつ総じてもって存知《ぞんじ》せざるなり。そのゆえは、如来の御《おん》こころによしとおぼしめすほどにしりとおしたらばこそ、よきをしりたるにてもあらめ、如来のあしとおぼしめすほどにしりとおしたらばこそ、あしさをしりたるにてもあらめど、煩悩《ぼんのう》具足《ぐそく》の凡夫《ぼんぶ》、火宅無常《かたくむじょう》の世界は、よろずのこと、みなもって、そらごとたわごと、まことあることなきに、ただ念仏のみぞまことにておわします」とこそおおせはそうらいしか。（聖典六四〇～六四一頁）

といわれます。

そこでは、信心の内容は、「煩悩具足の凡夫」の身と「火宅無常の世界」という、自身の事実に頷き、その私が真実になることはないと確信することだといわれるのです。そのことを、善導大師の言葉を通して確かめておられるというのが、『歎異抄』の表現になっています。善導大師は、信心の内容を、二つの面で見ておられます。一つは、

一つには決定《けつじょう》して深く、「自身は現にこれ罪悪生死《ざいあくしょうじ》の凡夫《ぼんぶ》、曠劫《こうごう》より已来《このかた》、常に没《もっ》し常に流転して、出離《しゅつり》の縁あることなし」と信ず。（「信巻」聖典二一五頁）

ということで、これは、機の深信といわれ、まさに私の事実です。長い間、同じことを繰り返し繰り返し、迷いに沈んでいたという、身の事実や世の事実を知らずにきた。そうい

う救いのない身であるということを知らずに、自分だけ救われようということに焦り焦りして、さらに迷いを深めていた。そういう自分の事実が知らされた。それと同時に、そのことは、自分で知ったのではなくて、

二つには決定《けつじょう》して深く、「かの阿弥陀仏の四十八願は衆生《しゅじょう》を摂受《しょうじゅ》して、疑いなく慮《おもんぱか》りなくかの願力に乗じて、定んで往生を得」と信ず。（「信巻」聖典二一五〜二一六頁）

といわれるように、私の事実がわかるということは、事実を知らせる本願によって知らされるのです。こちらは、法の深信といわれます。自分で自分を観察して、世の中を観察して知ったのではないのです。如来の本願によって、自分の事実が知らされる。ですから、自分の事実をいつも知らせる本願を信頼するということがあるのです。機の深信という、自分は迷い続けていたということを知るだけであれば、これは失望でしかないのです。しかし、同時に、たえずそのことを、その私を見捨てずに、そのことを知らせ続ける如来の教えを信頼するということが片方にあるわけです。そういうことが、信じるということの内容なのだということを、善導大師の言葉によって確かめておられる言葉が、『歎異抄』の最後に出てくるのです。

信じるというのは、本願を信じて、本願に救われるのです。そのことを、機の深信とか法の深信という内容で確認されていたということが、一貫して『歎異抄』の中に流れてい

るといえると思います。

三、浄　土

一、謹んで真仏土を案ずれば

きょうは、「浄土」という問題でお話をしたいと思っています。この浄土というのは、浄土真宗、親鸞聖人の教えにとっては、非常に重要な言葉です。先回は「信心」、その前は「念仏」という形で、浄土真宗の教えのキーワードというべき言葉を取り上げて、そのことが『歎異抄』全体を通して、どういう形で表現され、何を私たちに語っているかということをたずねています。それで、きょうは、浄土という言葉で『歎異抄』全体を眺めてみたいと思います。

ただ、浄土というのは、『歎異抄』の中には、あまりたくさん出てくる言葉ではありません。親鸞聖人は、浄土ということについて、どういわれているかといいますと、『教行信証』の「真仏土巻」を見ると、

謹んで真仏土を案ずれば、仏はすなわちこれ不可思議光如来なり、土はまたこれ無量

光明土なり。しかればすなわち大悲の誓願《せいがん》に酬報《しゅうほう》するがゆえに、真の報仏土と曰《い》うなり。（聖典三〇〇頁）

といわれています。

浄土というのは、無量光明土だといわれ、それは、「しかればすなわち大悲の誓願に酬報するがゆえに」無量光明土というのだと、そういう表現がされています。「しかればすなわち（然則）」とありますが、この「すなわち（則）」という字を使われる場合は、道理のうえで、法則的にそうなりますという意味になります。ですから、無限の、無量の願いに基づく世界ですから、当然、無量光明土ということになります。如来の絶えることのない無限の願い、その願いに基づく世界だから、その世界も当然、無限の、無量の光の世界となると表現されます。そういう意味で、道理のうえで「すなわち（則）」と、こう使われるのです。このように、浄土というのは、如来の願いの世界であり、願いによってかたどられた世界であると、そういう言い方をしておられるのです。それが、親鸞聖人の浄土に対する理解の基本だといっていいと思います。

浄土というのは、死んだ先にある、何かおとぎ話のような世界ということではなくて、如来の願いによってかたどられた世界だということです。願いというのは、私たちにどう伝わるかというと、問いかけとなったり、呼びかけとなって届きます。そういう形で、私たちは浄土という願いの世界に出会うわけです。

たとえはあまりよくないのですけれども、親も子どもに対して願いを持っています。願いを持っていますから、子どもに問いかけたり、呼びかけたりするわけです。ちゃんと勉強したのかとか、もう少ししっかり部屋を整理整頓しなさいとかいうわけです、願いを持ちますから。そこには打算や、しっかりしてもらいたいとか、本人が持っている希望を実現してもらいたいとか、そういうさまざまなものがまざっていますが、願いを持ちますから、子どもに問いかけたり、呼びかけたりするわけです。ただその問いかけや呼びかけが、ときとして度を越したりしますから、うっとおしがられたり、嫌われたりしますが。そういう意味で、願いというのは、具体的には、問いかけになったり、呼びかけとして発露して出てくるものです。願いも何も持っていないのだったら、放っておけばいいわけですから、問いかけもしませんし、呼びかけもしないでしょう。

そういう意味で、浄土というのは、具体的には、仏さまの願いが、我々に対して向けられて、問いとして、大悲の誓願が、問いとして、我々に至り届き、願いは問いとして発露して、湧き上がって、我々に向けられてくる。そういう、願いにかたどられた世界として浄土を親鸞聖人は表現されているのです。

二、あらわになった私たちの凡夫性

いま、東日本大震災というさなかに、親鸞聖人が亡くなられて七百五十年という節目の年を迎えました。その大震災のさなかで、私たちはどういう問いをいただくのか。真宗門徒は、長い歴史の中で、如来から向けられた問い、悲しみとうめきの中で至り届く問いかけをひたすら聞いて、身を処してきました。そうして自分自身の態度を決定してきたのが、真宗門徒なのだと思います。人間の長い歴史の中で、大きな飢饉もありましたし、不毛な争いのために戦争が起こったり、大きな災害もありました。その中で、そのことを通して、如来が問いかけてくる問いをひたすら聞いて、そのたいへんなさなかに、自分の身を決定してきた。ひたすら聞いて、身を決定してきたのが、真宗門徒なのだろうと思います。仏陀釈尊から二千五百年、親鸞聖人から八百年、そういう形で、さまざまな状況の中で、如来の問いかけをひたすら聞いて、身を決定してきたというのが、私たちに伝えられた真宗門徒の歴史なのだと思います。

東日本大震災は、三月十一日に起こりました。いちばん端的に、私たちに問いかけとしてあらわになったのは、私たちの凡夫性というものであろうかと思います。凡夫というのは、「ただびと」という意味です。親鸞聖人は「私どもは愚かな凡夫だ」といわれています。その凡夫性というのは、どういうことかといいますと、いちばん最初に、仏さまから凡夫といわれたのは、韋提希という方です。インドの最大の国であったマカダ国のお妃の韋提希が、お釈迦さまから歴史上はじめて、「あなた凡夫だ」といわれたのです。『観無量寿経』を見てみますと、

　仏、韋提希《いだいけ》に告げたまわく、「汝《なんじ》はこれ凡夫《ぼんぶ》なり。心想羸劣《しんそうるいれつ》にして未だ天眼《てんげん》を得ず、遠く観《み》ることあたわず。」（聖典九五頁）

と説かれています。

「汝はこれ凡夫なり。心想羸劣にして未だ天眼を得ず」と、このように釈尊にいわれるのです。その凡夫というのはどういうものかというと、「心想羸劣」という存在です。「羸」という字は、疲れたとか、弱いという意味です。ですから「羸劣」というのは、「弱く劣っている」ということです。物事の捉え方や考え方、あるいは、ものを思う力が、非常に弱くて劣っているということです。

善導大師は、「心想羸劣」ということを、

　かつて大志なければなり。（『定本親鸞聖人全集』九巻、一〇一頁）

と、大きな志を持っていないということが心想羸劣だと、こういわれているのです。大き

な志がないというのは、志が小さいという意味ですから、いうならば、自己関心を離れられないということです。心想羸劣というのは、自分を中心に、自分のことを中心にして、他を顧みるということができない。自己関心を離れることができないのが、心想羸劣ということであり、それが凡夫だといわれるのです。

先回は、大きな社会問題として取り上げられている、無縁社会とか孤独死というお話をしました。たしかにこのことは、大きな衝撃なのですけれども、その衝撃を衝撃のままに受け止めて、ものを考えることができなくて、たいへんだと思いながら、どうしてもまたすぐ、我々はその問題を自己関心のところで持ち替えてしまう。ある意味では、人のつながりとか、生き合う力というものが喪失して、たいへんなことになったと思う。そういう喪失感として衝撃を受けるのですけれども、そのあとで、自分が孤独死をしないためにどうしたらいいのかとか、あるいは自分の子どもや孫が、無縁社会というような形で生きないようにするにはどうしたらいいかと、ふっと自分の自己関心のところへ問題を持っていってしまう。そういうことから離れられないということです。そのように、自己関心を離れられないというのが、心想羸劣ということです。

三、中止になった御遠忌の意味

東日本大震災が起きて、今は映像を通してたいへんな状況が目の前に飛び込んできます。そのことを目前にしながら、そのこと全体に対して、私たちはどうするのか、どのように動けばいいのかが問われているわけです。さきほど私たちといいましたけれども、その私たちの真宗大谷派というところでいいますと、震災が起こった翌日から、京都の東本願寺で、親鸞聖人が亡くなられてから七百五十年の御遠忌という法要を営むということになっていたのです。ところが、たいへんなことが目の前に起こった。目の前に起こった東日本大震災を、自分たちはどう受け止め、どうしていくのだというふうに直接に関心がいかずに、御遠忌をどうするかというふうに関心が移るのです。この場合の御遠忌というのは、いわゆる本来、如来の問いかけを聞いていく仏事ではなくて、イベントや行事としての、自分たちが予定している行事をどうしようかという意味で、そちらへ関心が移ってしまいました。その行事をどうしようか、やめようか。やるのならどうしようかという関心に移ってしまって、今目の前に起こっているものについて、自分たちが一番最初にどうするのだということに心が動かないのです。そういうものが、仏さまから、凡夫といわれているのです。けっして、ほめられた言葉ではないのです。

それで、十二日から十三日に予定されていた行事が中止になりました。それにはいろいろな考え方があると思いますし、もちろん交通も止まっていますし、たいへんな状況になっている被災地の方々は、当然参加できないわけですから、中止ということはやむをえないと思います。

ただそのとき、十二日に予定されていた一つの大きなシンポジウムがあったのです。それは、アイヌ人として、ずっと差別を受けながら、この社会で生きてきた方。あるいは、在日朝鮮人として厳しい差別を受けながら、この日本の社会で生きてこられた方。そして、沖縄という地で、沖縄ゆえの差別もあったし、そしてあの戦争でたいへんな被害と辛酸を受けられた、その沖縄の方。そういう方に集まっていただいて、たいへんな状況の中で、人間としての大地を求めて、それを聞き取り、開いてこられた方々です。その方々といっしょに、親鸞聖人の七百五十年を私たちはどう迎えるのかという、そういうシンポジウムが予定されていたのです。その矢先たいへんな状況が、今目の前に起こったのです。それでそういう、人間としての大地を求めてやまない人たちに来ていただいたのですから、そこで、今目の前に起こった震災に対して、我々はどう考え、どう向き合っていくのか。何をしていくのかということを話し合うことが、語り合い聞くことができたら、私はそれが何よりの親鸞聖人の御遠忌にならないかと思いました。

もちろん、ただちに被災地に駆けつけ、何が必要か、何ができるか、状況を把握することも何より大切です。しかし、全ての人が被災地に入ることもできませんし、多くの方が参加される予定にしていましたから、そこで、いまこの事態に、私たちはどうするのだということを、その方々にたずねながら、語り合って、みんなが動き出すというようなことも、御遠忌ではなかったのかと思います。

そして、これも中止になったのですが、次の日の十三日には、釈尊が仏教を開かれるについて、いちばん最初に問題にされた、生老病死。生き、生まれ、老い、病み、死んでいくというのが、人間のすがただと、その人間のすがたを直視して、問題にしたのが仏教です。そのなかの、老いという問題を取り上げて、十三日は、シンポジウムが本山で開かれることになっていたのです。現在の大阪大学の学長で、臨床哲学という、具体的な問題に向き合いながら考えていくという哲学を提唱しておられる鷲田清一先生に来ていただいて、お話を聞いて、そして、介護とか、そういう問題に取り組んでいらっしゃる方といっしょに、シンポジウムをするということになっていました。

今たいへんな被害を受けた三陸の地域というのは、地方の高齢化が進んだ地域です。震災直後で全体の状況がわからないということはありましたが、老い、そして介護、そして、そこに震災が加わった、そういう中で、私たちは、老いとか介護とか、そういう問題をこの時代の中で、どう考え、どう取り組み、何を問題としていただくのかということを考えて、またその点に絞って、いろいろたずねることができたらと思いました。

そういうことが、目前に起こった出来事を我がこととしていただいて、そのことを教えにたずねていった親鸞聖人という方にふさわしい御遠忌ではないかと私は思ったのです。

四、被災者支援の集い

私は、十三日に予定されていたシンポジウムの前の午前中に、京都の本山の高倉会館で日曜講演の話をするようにいわれていました。それで、十二日のシンポジウムが中止になったという知らせを受けて、すぐ担当の部署に電話をして、「十三日の日曜日の朝の日曜講演はどうするのですか」と聞いたのです。そうしたら、みなさん完全に、日曜講演のことは忘れておられました。「私、行きますので、ぜひやりませんか」というと、担当の方が、「京都へ出て来られるのですか」と聞かれたのです。その時点では、新幹線は止まっていましたので、難しいという判断をされたのだと思います。けれども、高山は北陸線回りでも京都へ行けますし、電車が動いていなければ、道はなんともないので、車を運転して行けばいけるわけです。もっとも私は、車の運転があまり好きではない、というより下手なのです。それで、家族から六十キロ以上の遠出は禁止されている身なのです。それで、車で京都まで行くのはかなり無謀だとは思ったのですけれども、「車を運転していきますから、ぜひやりましょう」と申しあげて、十三日の午前中の日曜講演だけはさせていただきました。

私たちは、たいへんな事態の中で、如来の問いかけを聞き続けていくのです。その聞法に、中止とか延期ということはないと思います。

教えが聞かれ聞かれして伝わってくる中では、飢饉のときや戦争の時代、さらに打ち続く災害のときもあったのです。こんなときだから、たいへんな時代だから、今年は今はこの行事は止めておこう、中止にしようということで、中断したり消えてしまったものはたくさんあったと思います。けれど教えを聞くということ、その聞法の場である御講、その中心である報恩講は、むしろたいへんなときだからこそ、自身とその問題を見失わないために、教えにたずね、如来の問いかけの前に身を据えようとして、中止にされたことはなかったのだと思います。

たいへんだからこそ、その問題を大事に丁寧にいただいていくということが、じつは真宗門徒が長年培ってきたことだったのです。そういうことがあったからこそ、二千五百年も八百年もかけて、教えが伝わってきたのだということを思います。今回のいろいろな状況の中では、いろいろなことを中止されたのはしかたのないことだと思います。ただ、私自身は、こうしたことをあらためて感じました。

それで、「被災者支援の集い」ということになりました。そこに私たちが集うて、この後私たちが、長い間かかる救援と復興の事業に、どういう形で、どういう姿勢で、かかわっていったらいいかということも含めて、親鸞聖人が生きられたすがたに、その問題をたずねていくという意味で、「被災者支援の集い」です。同時に、全国からその集いをめがけて、たくさんの支援のこころや物資が集まって、送り届けられるということがありました。ただ今思うのですが、最初のばたばたに、ほんとうに我々の凡夫性というものが露呈したのではないかと思います。

五、「摂取不捨」という如来の願い

浄土というのは、如来の本願によってかたどられた世界だと、申しあげましたけれども、その誓願、本願とか、いろいろ表現がされていますけれども、如来の願いというのをもっとも端的に表現した言葉に、「摂取不捨」という言葉があります。「摂取不捨」というのは、

おさめとって捨てないという意味です。親鸞聖人の和讃に、

大聖《だいしょう》おのおのもろともに　凡愚底下《ぼんぐていげ》のつみびとを
逆悪《ぎゃくあく》もらさぬ誓願《せいがん》に　方便引入《ほうべんいんにゅう》せしめけり（『浄土和讃』聖典四八五頁）

とあります。「逆悪もらさぬ誓願」の「逆」というのは、逆らうという意味です。真理に逆らい、仏に逆らう者、そして悪をなす者と、そういう者もけっしてもらさないということです。そういう表現が、如来の願いの表現として各所に見られます。誰ひとりもらさない、全部おさめとるのだということです。親鸞聖人は、摂取不捨ということを非常に大事にされて、摂取不捨の光によって、

いし・かわら・つぶてのごとくなるわれらなり。（中略）いし・かわら・つぶてなんどを、よくこがねとなさしめんがごとしとたとえたまえるなり。（『唯信鈔文意』聖典五五三頁）

と、「いし・かわら・つぶてのごときわれら」が「こがね」に変わるのだと、こう表現されているのです。

あるいは、先回申しあげた言葉では、「ともに一処に会う（倶会一処）」ともいわれます。一つところに会うという言葉も、如来のはたらきを示すものとして表現されます。これは、どんな生き方をしていても、どんな目に遭っていても、どういうことになっていても、全

部、我がこととして出会うのだということです。全部ひとり残らず、我がこととして出会っていくのだと、それが如来の願いだということです。あらゆる人と出会っていく。どんな人とでも、どう生きようといいのだと。どう生きようといいのだと言い切られるのは、如来だけです。どう生きてもいいのだ。どんなふうに生きていても全部に会うのだと、そういうふうに、「摂取不捨」とか、「逆悪もらさぬ」とか、「ともに一処に会う」という言葉で、如来がおっしゃるわけです。

なぜこんなことが如来の願いなのか。全部に会うということが、究極的な宗教的要求といってもいいのです。全部に会うということがなければ、誰も救われないのです。『歎異抄』第十三章に、

また、「うみかわに、あみをひき、つりをして、世をわたるものも、野やまに、ししをかり、とりをとりて、いのちをつぐともがらも、あきないをもし、田畠《でんぱく》をつくりてすぐるひとも、ただおなじことなり」と。「さるべき業縁《ごうえん》のもよおせば、いかなるふるまいもすべし」とこそ、聖人《しょうにん》はおおせそうらいしに、（聖典六三四頁）

といわれています。

親鸞聖人が生きておられた当時、海河に網を引いたり、野山にししを狩ったり、田畑をつくったり、商いをする人は、「そんなことをする者は」「あんなやつは」という形で、仏

教の救いにあずかれない者だといわれていたのです。「あんなやつは」とか「そんなことでは」というふうにいわれて、排除されていたのです。しかし、親鸞聖人は、人間は、条件次第、状況次第で、どんなことでもしながら、生きていかなくてはいけないものだ。どんな目に遭っても生きていくのだと、「さるべき業縁のもよおせば、いかなるふるまいもすべし」といわれるのです。ですから、こうでなければならないとか、ああでなければならないといったとたんに、そう生きられない者はみんな排除されるのです。「いのちを奪うような者は」といったとたんに、いのちを奪って生きる人は全部排除されます。今、たまたま私たちは、そういう身を生きていませんが、条件が整えば、いのちを殺すということも起こってきます。縁によって起こってきます。ですから、「あんなやつは」とか「こんなやつは」ということは、こうでなければ、ああでなければといったとたんに、自分も他人も全部排除されるのです。私たちは、どうなるかわからないのですから。そういう形で人間は生きているのですから、そういう人間を全部見捨てないのだ。全部に会うのだ、我がこととして会うのだというのが、如来の願いとして表現されているのです。

如来の願いは、自分の事実や目の前に起こっていることを、我がこととして出会えているかを問いかけてくるのです。我がことなのに、他人ごとにしていないか。我がこととして頷けたか。我がこととして全部に会うという願いは、私たちには、我がこととして出会えていますかという問いとなって、我々に至り届くのだと思います。我がこととして、そのことに出会えているか、頷いているか。如来は、誰ひとり排除せずに全部に会うのだということを願いとする。その願いから、私たちは、どんなことになっても見捨てずに、我がこととして頷けるかと、そういう問いかけを私たちは身に受けるのだと思うのです。

六、如来の問いかけを聞く

ところが、私たちは、目の前に起こっていることを、我がこととして、なかなか頷けないのです。他人《ひと》ごとにしてしまうのです。他人《ひと》ごとにしますから、今、いちばん被災して必要な物資を、足りないという状況を見ると、私もああなったら、足りなくなったら困ると思って、安心なところにいるのに、安心なところにいる者が、被災地にいちばん必要な物を買い占めてしまうのです。これは他人ごとにしているからなのではないですか。我がこととしていないから、他人《ひと》ごととして見ているから、あっちで足りないと、こっちでも足りなくなったらたいへんだということで買い占めてしまうのでしょう。

これは、ある意味では、人間の心理としての安心行動といわれるものです。人間は、そういうこころを持っているのです。ですから凡夫なのです。やはり、我がこととして受け止めていられないというすがたが、一番困っている人たちに要るものを、十分あるし、いますぐには必要がないのに、自分のところで買い占めてしまうという行為となってあらわれるのでしょう。

そこで、そのことを我がこととして出会えないのか出会うのかどうなのかと、厳しい如来の問いかけがなされるのです。被災地からのうめき声や悲しみや慟哭として、いっしょに如来の問いかけが、私たちに今至り届いているのだと思います。そのことをきちんと聞いたときに、身の処しかたは決まってきます。きちんと聞かないから、身の処しかたが定まらないということもあるかもしれません。

そういう形で、あらためて、ひたすら聞いた人です、親鸞聖人という方の仏教というのは、やはり、聞く宗教なのだと思います。説き、主張する宗教ではなくて、聞く宗教なのです。ひたすら世の悲しみや怒りや不安や慟哭とともに届く、如来の問いかけを聞いてきた。聞けば、いま自分がすべき身の処しかたは、おのずと開いてくるのだと思います。できることをきちんとやる、丁寧に、その問題に我がこととして向きあっていく。そういう形で、今あらためて、親鸞聖人の七百五十年の御遠忌を私たちは迎えるのだということを思います。そのときに、親鸞聖人の言葉を非常に大事にいただき聞き続け、生きた、この唯円というかたの『歎異抄』というのは、私たちにとっては大きな手がかりであり、道を示してくださるということをあらためて思うことです。

七、安心行動という心理

さきほど、その他人ごとのすがたとして、買い占めとか買いだめということがあると申しました。じつは、私がいます岐阜県の高山市でも、あの震災の直後から、ホームセンターなんかで卓上用のコンロの小さなガスボンベが売り切れてしまいました。高山市は都市ガスではないのです。プロパンガスなのですから、そんなものを買ってどうするのかと思うのです。プロパンガスというのは、地震が起こるとすぐパタッと蓋が閉じて、ガスが漏れないようになっています。ガスボンベはかなり丈夫ですから、ガスが漏れたりはしません。ですから、地震がおさまってからコンロにつなぎ直せば、かならずガスは使えるのです。それが、都市ガスと違うところです。それなのに、二、三時間しかもたないガスボンベが買い占められてしまうわけです。やはりパニックになっているのです。つまり、被災地でガスが止まってたいへんなことになっていると聞いて、自分も心配になってしまったわけです。

人間というのは、不安感が高まると、じつは依存心も高まるという構造を持っているのです。不安が高まれば高まるほど、何かにすがりたい、依存したいと思うのです。私は、本山の仕事で、カルト宗教の窓口にいます。このカルト宗教のマインドコントロールというのは、不安感を高めて高めて、もう自分は絶対救われないのだというふうに不安を高めておいて、これこそ唯一の救いですよと、この人が唯一の救世主ですよともっていくのです。じつは、構図はみな同じなのです。人間は、不安感が高まると依存心が高まっていくものなのです。

振り込め詐欺も、みないっしょです。電話を取った人の不安感を高めて、依存心を高める。そして、なんとかこの不安を取り除きたいと思うこころが高くなったところに、五十万円を振り込めば安心できるというわけです。このようにいわれると、安心したいために五十万円を振り込んでしまうのです。そういう構造が、振り込め詐欺です。

それと同じことで、被災地の状況が映されて、水が足りない、食料が足りない、ガスが足りないという映像を見ると、自分も足りなくなったらたいへんだという不安が高まって、それで安心したいために、必要がないのにどんどん買ってしまうということが起こるのです。

ところが、必要のない地域で買ってしまうと、いよいよ被災地で物が足りなくなってしまいます。それで、まだ足りないといわれると、またさらに不安感が高まって、また買ってしまうという、そういう悪循環が繰り返されることになるのです。

そういうように、私たちの心は、安心行動という構造を持っているのです。ですから、買ってしまうということについて、そのことだけを取り上げて、「そんな人が」というつもりはないのです。私たちは、そういう愚かさを持って生きているのだということです。そのことも全部含めて、如来から深く問いかけられ、悲しまれているということを、あらためて思います。さらに、そのことをひたすら聞いてこられたのが、親鸞聖人の御一生であったのだろうということをあらためて思います。そして、この親鸞聖人の問いかけが発露する世界として、現実のうえに聞き開かれたのが、浄土という世界なのだと思います。

八、如来の願いによってかたどられた世界

それでは、『歎異抄』の中で、浄土というのがどのように説かれているのかを見ていきたいと思います。浄土というのは、念仏ということにも、信心ということにも、大きなかかわりを持つ言葉です。『歎異抄』第二章では、

念仏は、まことに浄土にうまるるたねにてやはんべるらん、また、地獄におつべき業にてやはんべるらん。総じてもって存知《ぞんじ》せざるなり。（聖典六二七頁）

といわれています。

浄土というのは、如来の願いによってかたどられた世界であって、それが私たちへの問いとなって浄土の世界を開きます。ですから、人間が積み重ねた行為によって築かれる世界ではないのだということが、ここで表現されているのです。

浄土か地獄かといわれたら、我々は、普通の判断として、浄土にいきたいわけです。私たちが「浄土にいくのですか、地獄におちたりしないでしょうね」というように聞いたりするときには、人間の判断、考え方として、浄土というのは、よきものであるし、喜びであるし、幸多き世界としてみられています。それに対して、地獄というのは、悪しきものであり、苦しみであり、嫌なものだとみられている。私たちは、よきものや幸せで、自分の人生を埋めつくしていきたい。できることなら、そういうものだけで埋めつくされるような世界に生まれたいと、素直に考えるわけです。そういう形で、浄土と地獄というものを、二項対立で見てしまえば、「ほんとうにいけるのでしょうね」という話になります。そういう問題に対して、親鸞聖人は、関係がないといわれるのです。浄土か地獄か、どちらにいくのかは関係がないといわれる。それは、浄土というのが、人間のこういう発想の先にある世界ではないからです。いやなものを捨てて、好ましいものを集めて、それで自分の人生を埋めつくしていくという、そういう発想の先にある世界ではないのです。そのことを、こういう形で端的に示されたのです。

ところで、私たちは、喜びと幸せに埋めつくされるような世界に生まれるためには、こうしなければならないのではないか、こうでなければならないのではないかと考える。あんなことではだめだ、こんなことをしていてはだめだというように、縁によって何でもする人間の存在を忘れて、こうでなければ、ああでなければと考えて、さらにそれを実現しようとするのです。そういう発想の、その方向の持っている問題を問いただし、問題をあらわにするということが、浄土という形で示されているのです。そういうことを表現した言葉が、浄土という言葉なのだと思います。

九、浄土の慈悲というは

そしてさらに、慈悲という問題について、『歎異抄』第四章で、

浄土の慈悲というは、念仏して、いそぎ仏になりて、大慈大悲心をもって、おもうがごとく衆生《しゅじょう》を利益《りやく》するをいうべきなり。(聖典六二八頁)

といわれています。浄土の慈悲ということについて、こういう表現をされているのです。「いそぎ仏になりて」あらゆる人を救っていくのだといわれる。「いそぎ仏になりて」とい

うことになると、私が仏に成って、私が人々を救っていくのかと、我々はそういう自己関心の中で考えてしまいます。しかし、私というものがあったら、それは仏さまではないのです。私というのは、人間です。私が仏に成って、私が助けるということになれば、これは当然、偏りが生じます。私というのは偏っていますから、どう考えても好きな人から救っていきます。「あの人は好きではない」というのがけっこうあったりしますから、嫌いな人は後回しになります。人間がすれば、前後ができます。それから、物理的にも、できることとできないことができてきます。そういった意味では、むしろ、私がという形で考えてしまう慈悲、そういうものの限界というものを知らせながら、あらためて、全部がもらさずにいただいていける慈悲があるのだといわれるのです。深い願いからの問いかけをいただきながら、身を処していくということがあるのだといわれるのです。そういう意味で、人間の慈悲に対して、浄土の慈悲というものを開かれたのが第四章の言葉です。

もちろん、私たちが浄土の慈悲を実践するのではありません。まさに、浄土が我々に問いかけ、その問いかけを聞くということによって開かれてくるものなのです。

具体的には、我々がしていることは、人間の慈悲、人間の愛情ですから、偏りを持ちますし、全部が全部うまくいくわけではないのです。今回の震災までの地震や、さまざまな自然災害の救援でも、全部が全部うまくいったわけではないのですこのあいだも、高山から若い方が三人、救援物資を持って仙台のほうへ行かれました。その人たちによると、彼らは五十人くらいの小さな避難所へ物資を届けに行ったのです。その避難所の近く、数百メートル先にも大きな避難所があったのですが、そちらには、たくさん物資が届いていたのだそうです。ところが、彼らが行った五十人の小さな避難所には、まるで物資が届いていなかったのです。それはやはり、行政が破壊されているのですから、うまくいかないところがあると思います。

このような、人間のすることの限界を知らされながら、教えていただきながら、けっしておごることもなく、がっかりすることもなく、これはやはり、やれることをやっていくということなのだろうと思います。

十、自力のこころをすつというは

浄土の慈悲ということを、そのようにおさえたうえで、第五章では、

ただ自力をすてて、いそぎ浄土のさとりをひらきなば、六道四生《ろくどうししょう》のあいだ、いずれの業苦《ごうく》にしずめりとも、神通方便《じんずうほうべん》をもって、まず有縁《うえん》を度《ど》すべきなりと（聖典六二八頁）

と、ここに「浄土のさとり」という言葉が出てくるのです。

これは非常に珍しい表現だと思います。しかし、ここの「浄土のさとり」というのは、「ただ自力をすてて」という前文がついているわけです。ですから、自力を捨てるということがないかぎり、浄土は開かないのだと、そういう表現が第五章にはしてあります。

では、自力ということについて、親鸞聖人がどう表現されているかということですが、『一念多念文意』には、

> 自力というは、わがみをたのみ、わがこころをたのむ、わがちからをはげみ、わがさまざまの善根《ぜんごん》をたのむひとなり。（聖典五四一頁）

とあります。自分の身をたのみ、自分のこころをたのむ。自分の努力、力を励んで、さまざまな善根、善をなすことにおいて、浄土を築こうとする。それを自力というのだといわれています。

また『唯信鈔文意』には、

> 自力のこころをすつというは、ようよう、さまざまの、大小聖人《だいしょうしょうにん》、善悪凡夫《ぜんあくぼんぶ》の、みずからがみをよしとおもうこころをすて、みをたのまず、あしきこころをかえりみず、ひとすじに、具縛《ぐばく》の凡愚《ぼんぐ》、屠沽《とこ》の下類《げるい》、無碍《むげ》光仏の不可思議の本願、広大智慧の名号《みょうごう》を信楽《しんぎょう》すれば、煩悩を具足しながら、無上大涅槃《むじょうだいねはん》にいたるなり。（聖典五五二頁）

といわれています。

「大小聖人、善悪凡夫」というのは、聖人というのは、出家の仏教者のことですし、この場合の凡夫は、在家の者という意味です。それが、大乗であれ小乗であれ、善人であれ悪人であれ、みんな、「みずからがみをよしとおもうこころをすて」て、「みをたのまず」。これは、善だろう、これはいいことだという形で、私たちは自分の判断と判断する自分をたのみます。私たちは、あらゆるときに自身をたのみます。健康第一というのは、身をたのむということです。私たちは、やはり自身をたのみます。

そして、「あしきこころをかえりみず」ということですから、自分の中の悪いこころを反省したり、悪いところをやめようとして、だんだん正しい自分を築こうとします。しかし、反省は、反省する自身は間違いないとたのむことを前提にしています。その反省する自分を反省することは困難です。ただ、「ひとすじに、具縛の凡愚、屠沽の下類」、さまざまに縛られ、愚かさを生きる者、そして、生き物を殺したり、さまざまな仕事をする者は、本願を信じ、念仏をいただくならば、煩悩を具足しながら、そのまま浄土のさとりを開くのだといわれています。

これに続いて、

具縛《ぐばく》は、よろずの煩悩《ぼんのう》にしばられたるわれらなり。煩は、みをわずらわす。悩は、こころをなやますという。屠《と》は、よろずのいきたるものを、ころし、ほふるものなり。

これは、りょうしというものなり。沽《こ》は、よろずのものを、うりかうものなり。これは、あき人《びと》なり。これらを下類《げるい》というなり。（聖典五五二〜五五三頁）

とあります。本来こういうものは、仏教の救いにあずかれないとされているものです。

ところが続いて、

「能令瓦礫変成金《のうりょうがりゃくへんじょうこん》」というは、「能」は、よくという。「令」は、せしむという。「瓦」は、かわらという。「礫」は、つぶてという。「変成金《へんじょうこん》」は、「変成」は、かえなすという。「金」は、こがねという。かわら・つぶてをこがねにかえなさしめんがごとしと、たとえたまえるなり。りょうし・あき人《びと》、さまざまのものは、みな、いし・かわら・つぶてのごとくなるわれらなり。（聖典五五三頁）

といわれます。つまり、自力を捨てるということは、自力を捨てて、信じるということではないのです。本願を信じ、念仏申すということが、そのまま自力を捨てるということだと、こう表現されています。ちょっと面倒なのですが、それがどう表現されるかというと、

無碍《むげ》光仏の不可思議の本願、広大智慧の名号《みょうごう》を信楽《しんぎょう》すれば、（聖典五五二頁）

といわれています。本願名号を信楽する、信楽というのは、信じるということです。

善と思うこころ、身をたのむこころ、悪を顧みるこころを捨てる。つまり、善と思うこころを捨て、身をたのむこころを捨て、悪を顧みるこころを捨てるというのは、私たちが、

こうでなければならない、ああでなければならないと善を立てることがはじめて問題として明らかになるということです。私たちは、こんなことでは、あんなことではという形で、悪しきものを顧みます。そして、やがて私もああなりたい、こうなりたいというのは、身をたのむということです。じつは、縁によっては何でもする存在なのに、こうでなければ、ああでなければという形で、存在そのものを切り刻んで、排除している。そういうものを、我々は持ってしまうわけです。そうした私たちの在り方が、はじめて問いかけられ、明らかにされるということが、自力という問題として浮かび上がるのだと、親鸞聖人は表現されているわけです。

十一、本願名号を信楽する心に開く世界

本願名号を信楽する心に開く世界を、親鸞聖人はこの『唯信鈔文意』で、「いし・かわら・つぶてのごとくなるわれら」と表現されました。あんなことでは、あんなやつはというふうに、蔑まれたり、いわれたりしている。しかし、みな縁によってそう成っているのだ。それ全体を我らと如来は全部、我がこととして受け止められる。その願いから、我らという形で、我がこととして、目の前に起こっていることが、頷けていますかという問い

になって、我々に届くのです。我らという世界をいただけたかどうかという点で、自力を捨てるということが非常に大きなテーマとして、大事な問題として、親鸞聖人の中で表現されています。

ちょっと誤解のないように申し添えるのですけれども、自力というのは悪くて、他力はいいのだ、善なのだというと、同じことになってしまいます。真宗では、自力がだめで他力がいいといっているのだというと、自力のこころといっしょになってしまいます。よしと思うこころ、あしきをもかえりみずといわれているのに、あの人は自力だからだめですよ、これは他力だからいいんですよといったら、また同じことになってしまいます。善や悪を顧みたりたのんだりするのですから、こういう論理全体が問題になるということです。これが、全体が問題になるということです。

それで、ひとつ思うのは、この第四章と第五章の表現で、「浄土の慈悲」「浄土のさとり」と、こういう表現が出てきます。この場合の、「の」というのは、格助詞といわれるものです。格助詞というのは、いろいろな意味があって、所有格とか、同格とか、いろいろな意味があるのですけれども、一般的に読むならば、「浄土の慈悲」「浄土のさとり」ですから、これは、所有格の「の」として読むわけです。浄土という世界が持っている慈悲、浄土という世界が特徴的に持っているさとり、そういうふうに読むのが一般的だと思います。浄土という世界が、特徴的に持っている慈悲。あるいは、浄土という世界が、その特徴としているさとりと、そういうふうに、所有格として読むことができる。それが一般的なのですが、これを私は同格と読んでもいいのではないかと思います。

所有格というのは、私のペンです。私が持っているペン、私が所有しているということです。それに対して、同格というのは、何でもいいのですけれども、古い表現ですが、大工のジンロクという人がいたとして、大工がそのままジンロクといった場合に、人工がジンロクを所有しているわけではありませんね。大工がそのままジンロクですといっているのです。ですから、これとこれは同じですよというときに、同格の格助詞というのです。ですから、「の」を同格で読むと、浄土といったら何かといったら、慈悲だと。浄土とは何かといったら、それはさとりなのだと、仏の慈悲やさとりを浄土という形で表現してあるのだと、そう読むことになります。そのように読むと、少し意味合いがはっきりすると思うのです。浄土というものには慈悲もあるし、さとりもあるしということになると、これは浄土の慈悲の部分ですとか、これは浄土のさとりの部分ですかというような、いい面と悪い面みたいな形になってしまいます。しかし、そういうことではないのです。仏教が表現する慈悲やさとりというものが、じつは、浄土という形で表現されているわけです。

浄土がその対角に向き合うのは、穢土、いわゆる娑婆です。浄土によって私たちの問題、穢土、けがれ、あるいは娑婆、力ずくの世界という意味ですけれども、そういう問題が明らかになるのです。ですから、穢土ということを離れて、浄土ということをいってしまうと、これは架空の話になってしまいます。どこかにあったらいいなあという、おとぎ話になってしまいます。ですから、穢土という問題が、浄土によって問われ、開かれているのです。ですから、穢土を離れて浄土の話があるのではないのです。穢土のただ中で、その問題を知らせるために、浄土が問いとして開かれているのです。穢土の真っただ中で、娑婆の真っただ中で、娑婆の問題を知らせて問いかけるものとして浄土は開く。その浄土が開くからこそ、穢土とか娑婆という問題がわかるのです。ですから、私たちの問題を問いかけ、開くのが、仏の慈悲であり、さとりなのだということです。人間は、穢土という国土、世界を持っていますから、それにあわせて浄土という世界で表現されているのです。そうすると、少し問題が整理されると思っています。

十二、安養の浄土はこいしからずそうろう

次に、第九章へいきますと、

また浄土へいそぎまいりたきこころのなくて、いささか所労《しょろう》のこともあれば、死なん

ずるやらんとこころぼそくおぼゆることも、煩悩《ぼんのう》の所為《しょい》なり。久遠劫《くおんごう》よりいままで流《る》転《てん》せる苦悩の旧里《きゅうり》はすてがたく、いまだうまれざる安養《あんにょう》の浄土はこいしからずそうろうこと、まことに、よくよく煩悩の興盛《こうじょう》にそうろうにこそ。なごりおしくおもえども、娑婆《しゃば》の縁つきて、ちからなくしておわるときに、かの土《ど》へはまいるべきなり。（聖典六二九～六三〇頁）

といわれます。

「いそぎまいりたきこころのなくて」と、浄土へいきたいというこころが起きないといわれています。浄土というのは、中世の人たちの感覚としては、次の生といわれるように、死んだあとという表現を取ります。そういう表現を取りながら、親鸞聖人がいわれるのは、どんなに浄土がいいところだと聞いても、そんなにいいところなら、いますぐ、ここをやめていきますという人はいないといわれるのです。どれほど浄土がいいところだといわれても、それならすぐにいきますという人は、めったにいないのです。じつは、そういう形で、浄土を描く場合があったのです。その影響がこの中に残っています。

それが端的であったのは、善導大師がおられた、中国の唐代のことです。その時代に、中国で浄土教が非常にさかんになるのです。そのときに、浄土に憧れて、捨身往生といって、高いところから飛び下りて自殺をする人が多く出たのです。浄土に生まれるのだといって、念仏を称えながら、高いところから飛び下りて自殺したのです。善導大師の時代に、それが非常に盛んにおこなわれました。

善導大師は、そんなことはされません。されないのは、そういう浄土を説いておられないからです。簡単にいえば、善導大師は、苦悩の真っただ中に浄土の門は開くといわれるのです。その浄土というのは、第九章の表現を借りれば、私たちの煩悩が喜ぶような世界ではないということです。煩悩が喜ばない世界ですから、煩悩の身を持っている私たちは、早くいきたいとも思いませんし、できることならいきたくないと思うわけです。浄土というのは、私たちのもっている煩悩を喜ばせるような世界ではないのです。まちがっても浄土は、私たちの煩悩を喜ばせたりしません。そういうことが端的にここでいわれているわけです。浄土を恋しがったり、浄土に生まれたがったり、浄土を喜ばないのは、私たちが煩悩の身を生きているからだといわれるのです。

浄土は、煩悩を喜ばせるほど甘い世界ではないのです。むしろ、煩悩が喜び、煩悩の喜びで自分の人生を埋めつくそうと考えている、その人間の考える方向が持っている問題を問いかけ、問題を開くというところに浄土があるのです。ですから、煩悩を喜ばせたくてしかたがない者にとっては、冷水を浴びせかけられるような問いが向けられることになるわけです。そのために、浄土のことは聞きたくない、耳をふさぎたいということもあると、そういう表現をされているのが第九章です。自分の夢がかなって、快楽を満喫し、自分の世界が満足する。そうやって、自分で自分の人生を喜びで埋めつくそうとする。しかし、思いどおり、予定どおり、想定どおりの人生なんか、どこにもないのです。

いま想定外という言葉がはやっています。私たちの人生は、想定外のことばかりです。想定して生まれてきた者はひとりもいないでしょうし、想定して予定どおり死んでいくわけでもありません。人間の人生は、想定外ではじまっています。気がついたら、もうそこにいたのです。そういう意味では、人生は想定外の連続ですし、想定外の出来事です。ですから、どんなことにもなるし、どんな目にも遭うわけです。想定外だから、しかたがないという意味ではありません。想定外だから、そのことをほんとうに我がこととして、深くいただいて生きていかないかぎり、生まれた所詮がないのです。そういうことを開こうとして、浄土は呼びかけるわけです。私たちは、煩悩が喜ぶことが大事ですから、我がこととして全部いただくというようなことは、したくないのです。気にいったことだけ、我がことにしたいわけです。自分にとってつごうの良いことは、我がこととして喜べるのですけれども、嫌いなことは、ひとごととして切り捨てたり、他人の責任にしたいわけです。あのときに、あの人が、あんなことをしたばっかりにと、いいたかったりします。それは全部を他人《ひと》ごとにして、責任転嫁をするということです。

それに対して、仏さまは、人間の人生は、想定外からはじまって、想定外に終わっていくと説かれているのです。ですから、どんなこともあるというのは、仏さまにとっては想定内のことなのです。

十三、穢土においての身の処しかたをいただく

人間は、自分の煩悩で、自分を全部想定して、自分の想定内に、自分の人生を収まらせようとするわけです。その場合の想定外は、言い訳になります。もともと想定外なのですから、想定外でしたということは、言い訳でしかありません。

このように、私たちは煩悩が喜ぶことを求め続けるわけです。そして、煩悩の喜びにかげりがさすことに不安を感じます。ですから、煩悩が喜ぶために、大量に物を使い、大量にエネルギーを使っていくという生活を求めて、私たちは原子力発電所も持ったわけです。原子力発電所、いわゆる放射性物質というものを、人間が十分制御できない可能性があることを、私たちは十分知っていたはずです。危険だと知りながら、私たちは、まさか事故は起きないだろうと楽観していたのです。まさかこんな事故は起きないだろうと思っていたのですが、実際に起こってしまったわけです。人間の想定などというものは、ほんとう

に、自分に都合がいいように想定しているにすぎないのです。
ですから、ひとたびそれが崩れると、もう不安だけに覆われてしまう。すると、その不安を消すために、また煩悩がたくましくなって、またたくさんのものを求めていく。そういう私たちのありようを、どこまでも問い続ける世界が浄土です。そのために、煩悩は浄土を喜ばないと、第九章では端的にいわれているのです。

第十一章は、第二章で触れたことと同じです。

> ついに報土《ほうど》に生ずるは、名号不思議《みょうごうふしぎ》のちからなり。これすなわち、誓願不思議のゆえなれば、ただひとつなるべし。(聖典六三一頁)

浄土に生まれるというのは、如来の本願と名号によるのだといわれています。人間の努力やこころがけでできた行為によって、浄土に生まれるということではないのです。これは、さきほどからいってきたことで、こうなれば、ああなればという形で実現するのが浄土ではないのだということです。ああなれば、こうなればと、あんなことではと考えていく私たちの姿勢を、問題にするというところに浄土があるのです。

あと、第十七章に、私たちに浄土が開かないのは、その如来の問いかけとして至り届く本願を疑うということがあるからだという問題を、最後に『歎異抄』は出してきます。

> 信心かけたる行者は、本願をうたがうによりて、辺地《へんじ》に生じて、うたがいのつみをつ

ぐのいてのち、報土《ほうど》のさとりをひらくとこそ、うけたまわりそうらえ。（聖典六三八頁）

「辺地」というのは、自己満足の世界を辺地といいます。自己関心が満足して、自分の自己満足に座るのが辺地です。これは、ひとりだけの救いです。なにか自分だけ安心して、ほっこりこころが安らいで救われたというのが辺地です。隣で苦しむ人がいても、テレビの向こうで悲惨な被災地を見ても、私だけ、ひとり満足できるというのが辺地です。それは、如来の問いかけが聞こえなくなった世界です。聞こえなくなれば、自分で安心をこしらえて、そこで満足してしまいます。人間は、高望みをすればきりがない、まああと満足する。ですから、この行者が浄土に生まれられないのは、人間の疑いのこころに原因があると、親鸞聖人はいわれるわけです。『正像末和讃』に、

罪福《ざいふく》信ずる行者は　仏智の不思議をうたがいて
疑城胎宮《ぎじょうたいぐ》にとどまれば　三宝《さんぼう》にはなれたてまつる（聖典五〇五頁）

といわれています。この場合の「三宝」というのは仏教です。仏教というのは、私たちに問いかけとして届くのです。その問いかけが聞けなくなって、自己満足のお城にこもったのが、疑城胎宮と呼ばれます。居心地はいいのです。何があっても自分だけ助かっていますから。しかし、それは、浄土ではないのです。問いかけに耳をふさいだだけだと、親鸞聖人はいわれるのです。この問題というのは、特に今の私たちの状況で考えなければなら

ない問題だと思います。

浄土ということは、如来の願いにかたどられた世界として表現されています。その浄土が、私に問いかけという形で至り届き、私たちの問題を開いてくださるのです。この浄土からの厳しい問いかけを、ひたすら聞いて、穢土においての身の処しかたをいただいてきたのが、私たちの先輩ではないかと思うことです。

四、往　生

一、往生とは「往生浄土の歩み」

浄土真宗では、今ここにいる私自身を、しっかりと受け止めて生きていくという方向が定まることを、「往生」という言葉で語ってきたのだと思います。往生とは「往生浄土の歩み」ということです。私たちの人生全体が、浄土へ歩んでいくという意味を持つのだということで、浄土真宗では往生という言葉を語ってきました。その往生という言葉を通して、今回は『歎異抄』を読んでいきたいと思います。

往生という言葉を『広辞苑』で引きますと、「浄土に往生する」という説明もされていますが、「諦めてじっとしていること。どうにもしようがなくなること」という説明もあり、さらに「立ち往生」という使われ方もするとあります。本来は、人が歩む内容を表現しようとして「往生」という言葉が生まれてきたわけですが、まったく反対の意味で使われるようになってしまっているのです。「もうどうしようもなくて、動きが取れなかった」ということが、「往生した」という言葉になっているように、本来は歩みということを表現しようとしたのですけれども、そのことがはっきりしなくなって、反対の意味で定着してしまったということが、言葉の歴史の中にはあるのだと思います。

そこで、あらためて、『歎異抄』では往生という言葉が、どのように語られているのかを見ながら、浄土真宗では往生をどのように表現しているのかということを考えてみたいと思います。

『歎異抄』という書物の起点になるのは、やはり一番初めの第一章です。そこで、今回も第一章から見てみたいと思います。『歎異抄』第一章の冒頭では、

弥陀の誓願不思議にたすけられまいらせて、往生をばとぐるなりと信じて念仏もうさんとおもいたつこころのおこるとき、すなわち摂取不捨《せっしゅふしゃ》の利益《りやく》にあずけしめたまうなり。（聖典六二六頁）

と、「往生をとぐる」という言葉が出てきます。これを見ると、往生を遂げるというのは何において遂げるのかというと、「弥陀の誓願不思議にたすけられまいらせて」というように最初に出てきますので、往生というのは基本的には「往」というのは「ゆく」というようにふりがなを付けるのです。ですから、人間が移動して歩んでいくという表現を取りながら、それはじつは人間が人間として自分で歩いていくというよりは、阿弥陀如来の本

願に助けられていくことだと書かれているわけです。そのため、人間が歩んでいくという表現を取りながら、しかしそれは阿弥陀如来の本願に助けられていくということであって、往生というのは阿弥陀如来の本願によるのだと。そして、阿弥陀如来の本願の力ということを抜きに往生ということがあるのではないということを、「弥陀の誓願不思議にたすけられまいらせて、往生をばとぐるなりと信じて」と、そのような形で表現されているのです。往生ということは、阿弥陀如来の本願ということを抜きにあるのではなく、むしろ阿弥陀如来の本願の力によることだと、そのようなことが一番初めに『歎異抄』に語られているのです。

二、浄土真宗を案ずるに、二種の回向あり

ですから、往生というのは、人間の力による浄土への歩みではないのです。阿弥陀如来によって、人間が往生浄土という歩みを方向づけられるという言い方になっています。これを、親鸞聖人自身の言葉では、次のようにいわれています。

謹《つつし》んで浄土真宗を案ずるに、二種の回向《えこう》あり。一つには往相《おうそう》、二つには還相《げんそう》なり。

（「教巻」聖典一五二頁）

浄土真宗というのは何かというと、二つの回向ということが浄土真宗の内容であり、一つには往相、二つには還相であるといわれています。往相、還相というのは、省略された言葉です。往相というのは「往生浄土の相」ということですし、還相というのは「還来穢国の相」ということで、この現実に戻ってくるということです。「穢国」というのは、私たちの現実です。

回向というのは、一般的な仏教では、私たちが亡くなった人に供養をしてあげるという意味が回向なのです。それに対して、浄土真宗では、回向というのは阿弥陀如来のはたらきを回向といいます。『正信偈』には、

往《おう》・還《げん》の回向《えこう》は他力に由《よ》る。（往還回向由他力）（聖典二〇六頁）

と、「他力に由る」と述べられています。「他力」というのは、阿弥陀如来の本願力のことですから、往生浄土も還来穢国もこれは阿弥陀如来の本願のはたらきを二つの方向をもって示すということです。一つは、人間を浄土に向かわせるのが往生浄土の相です。我々を浄土というものに向かわせる。同時に、その浄土から私たちを迎えとるという形で関わりはたらく。これは、一つは我々を浄土に向かって歩ませるという力と、同時に浄土の方から穢土に関わるという還来穢国という二つの方向を内容とするということです。そしてそれが、浄土真宗というものだというようことを、親鸞聖人が主著『教行信証』のいちばん

初めに示されているのです。ですから、そのようなことを踏まえて『歎異抄』では、往生浄土というのは阿弥陀如来の本願によることだということを最初に表現して、

弥陀の誓願不思議にたすけられまいらせて、往生をばとぐるなりと信じて（聖典六二六頁）

といわれるのです。

三、ひとえに往生極楽のみちをといきかんがためなり

次に、浄土に往生する、それも私がいきたいから、いこうと思っていけるというのではなく、阿弥陀如来の本願によるのだということが、私たちにとってどのような意味を持つのか。そのことについて、『歎異抄』第二章に親鸞聖人が、

おのおの十余《じゅうよ》か国のさかいをこえて、身命《しんみょう》をかえりみずして、たずねきたらしめたまう御《おん》こころざし、ひとえに往生極楽のみちをといきかんがためなり。（聖典六二六頁）

といわれています。

「ひとえに往生極楽のみち」とありますが、これは往生の道です。ですから、「あなたがたは、往生浄土の道を聞くためにいらっしゃったのですね」といわれているということで

す。往生浄土の道を問い聞くというのは、身命を懸けての問題だといわれています。身命というのは、身をもって我々はいのちを生きるわけですから、あるいはいのちは身という形で生きているわけですから、「身命をかえりみず」というのは生きること全体を意味します。ですから、往生というのは、極楽ということが表現されるように、浄土にいくことだけれども、それは身命全体、生きること全体の問題であるといわれるわけです。生きること全体の問題というのは、私たちが人生を生きることの中にある部分的な問題ではないということです。「身命をかえりみず」というのは、人生にはいろいろな問題がありますが、いろいろな問題の一つに往生という問題があると、そのようなことではない。そうではなくて、人生ということに往生ということが課題となっているのだと、人生全体が往生ということを課題にしているのだということを、このような形で親鸞聖人は表現されたのだと思います。

人生を生きるためには、まず住むところがいるとか、仕事が必要だとか家族があったほうがいいとかという、部分的な問題ということではなく、往生というのは生きること全体の問題なのだということです。ですからそこに、「ひとえに」とそのような言葉を添えて、「ひとえに往生極楽のみちを」といわれているのです。「ひとえ」というのは、「ただそのことだけ」という意味です、「一途に」という意味もあります。「ほかに理由がない、このこと一つだ」ということで、「他のことにおいて、人生に理由があるわけではないのだ」ということで、「ひとえに往生極楽の道を問い聞くということが、人生全体をかけた問いだ」といわれているのです。

つまり、私たちは、往生浄土ということをある意味わかったつもりにしていますが、逆にいうとそのようなことを我々は人生のどの部分で問題にしているかというと、部分的な問題として考えているかもしれません。そうであるなら、これは親鸞聖人がいわれている浄土往生ということとは違う、少しずれているということになります。「仕事も一区切りついたので、少し時間の余裕もできたので、そろそろ仏教の話でも聞いてみようか」というのであれば、これはある意味、人生のある一時期の教養や心の修養として仏教を考えるということですから、これは部分的ですね。親鸞聖人は、そういう意味で浄土往生ということをいわれているのではないのです。人間が人間を生きるということは、じつは往生浄土ということがはっきりする必要があるのです。人間が生きているのは、往生浄土という課題を持って生きているのだと、親鸞聖人はそのようにいわれているのだろうと思います。

ですから、ひとえに「身命をかえりみず」という言い方をするのは、往生浄土の問題は、人生全体の問題であるし、私たちの人生が往生浄土ということに頷けるか頷けないか、それを課題として我々の人生があるのだといわれているのだと思うのです。ではその往生浄

土とは何かというと、

弥陀の誓願不思議にたすけられまいらせて、往生をばとぐるなりと信じて（聖典六二六頁）

と第一章にあるように、本願によるのだということなのです。ですから、往生というのは、まさに阿弥陀如来の本願に遇い、本願によって生きるということなのです。そしてそれが、じつは人生の課題なのだということに頷けるか頷けないかということが問題なのです。

四、自余の行もはげみて、仏になるべかりける身

次に、『歎異抄』第二章には、

念仏して地獄におちたりとも、さらに後悔すべからずそうろう。そのゆえは、自余《じょ》の行もはげみて、仏になるべかりける身が、念仏をもうして、地獄にもおちてそうらわばこそ、すかされたてまつりて、という後悔もそうらわめ。（聖典六二七頁）

とあります。念仏したことによって地獄に堕ちたとしても、後悔はしないのだといわれています。なぜなら、念仏以外のいろいろな行をすることによって仏となる身であるならば、念仏をしたばかりに地獄に堕ちてしまったということで後悔をするということもある。だ

まされたということで、後悔するということもある。けれども、続いて、

いずれの行もおよびがたき身なれば、とても地獄は一定《いちじょう》すみかぞかし。（『歎異抄』聖典六二七頁）

といわれているのです。「いずれの行もおよびがたき身」というのは、どのような形にしても、自分で自分を助けていくことはできない身であるということです。ですから、いまさら地獄に堕ちたとしても後悔はしないという言い方をなさっているのです。

ここに、

自余《じょ》の行もはげみて、仏になるべかりける身が、（聖典六二七頁）

と、「自余の行」という言葉が出てきます。自余の行というのは、念仏以外の行ということです。ですから、念仏によらず、阿弥陀如来の本願念仏によらずに自らの行で浄土に往生することができるのならば、念仏したことによって地獄に堕ちたときには後悔する。念仏以外の行で、自分でできる行で浄土にいけばよかったと後悔するということです。

自余の行によるということは、本願念仏によらず自分で行じて往生しようとすることです。これは、言葉を換えていえば、弥陀の誓願不思議にたすけられて往生するということを信じないということです。弥陀の誓願不思議にたすけられて、往生を遂げるということを信じないということです。阿弥陀如来の本願によって往生するということを信じないの

が、自余の行の立場です。信じないというのは積極的ですが、いうならば阿弥陀如来の本願というものによって往生の身になるということはとても信じられないし、ほんとうなのだろうかという形で、本願を疑うということです。ですから、念仏以外の行をたよりにするということは、逆にいうと誓願不思議によって往生を遂げるということを信じないわけで、阿弥陀如来の本願を疑うということです。

五、罪福信ずる行者

本願を疑うということは、私たちの大きな問題です。『歎異抄』第十七章に、

信心かけたる行者は、本願をうたがうによりて、辺地《へんじ》に生じて、うたがいのつみをつぐのいてのち、報土《ほうど》のさとりをひらくとこそ、うけたまわりそうらえ。(聖典六三八頁)

といわれています。信心かけたる行者というのは、本願を信じることができない人です。そのような、本願を疑う人は「辺地に生じ」るといわれるのです。「辺地の往生」というのは、かりそめの浄土に生まれて疑いの罪を償った後に、報土のさとりを開くものです。つまり、真実報土に生まれることができないのは、人間の疑いに問題があるのだという言い方をされているのです。

真実の浄土に生まれられないのは、浄土が意地悪をして「あなたは駄目だ」といって排除しているのではなく、私たちのほうに疑いという問題があるからだという言い方をされているのです。

阿弥陀如来の本願を疑うというのは、「仏智疑惑」という問題です。疑うというのはどういうことかが『正像末和讃』に、

罪福《ざいふく》信ずる行者は　仏智の不思議をうたがいて
疑城《ぎじょう》胎宮《たいぐ》にとどまれば　三宝《さんぼう》にはなれたてまつる（聖典五〇五頁）

とうたわれています。なぜ疑うのかというと、罪福を信じているために本願を疑うのだと、親鸞聖人はいわれるのです。

私たちは、阿弥陀如来の本願によって往生するのだと聞いても、なかなか「はい」とはいえません。努力をしてさまざまな修養を積んで救われていく自余の行というほうが、何か効き目がありそうで何かもっともらしいと思ったりするのです。そのような形で、本願を信じることができないし、疑うのです。

また、阿弥陀如来の本願を疑うのはなぜかというと、人間は罪福を信じるということがあるため、本願を疑うのだといわれます。本願を疑うということは、罪福を信じるというすがたをとるといわれるのです。

罪福を信じるというのはどのようなことかというと、罪福の罪というのは法律を犯したという意味ではなく、災いという意味です。罪福の福というのは、自分の希望や思いにかなうこと、喜びや楽しみや幸せというのが福です。それで罪福を信じるというのは、災いや嫌なこと、たとえば病気であるとか災害であるとか、あるいは自分の希望にそわないようなことを避けて、希望や思いにかなう喜びや楽しみや幸せを集めたいと考えることです。災いを避けるというのは、単に災害や悲しみや病気などではなくて、自分の思いにかなわないものを避けていきたいという思いです。たとえば、人間は、とくに最近はそうですが「老い」ということを避けたいのです。老いるということは、良くないことだと考えています。そして逆に、若くいつまでも老けないというか、若く格好よくすることが良いことだというように考えます。そのため、老いを避けてできるだけ若くいるためのものが売れています。テレビのコマーシャルの半分は、そのような製品の宣伝です。

いつの時代もそうだったのかというと、必ずしもそうではないのです。別に老けたいという人はいないでしょうが、老いということを悪いとばかりいってはいなかったのです。老いというのは、中国語では「ラオ」といいます。「ラオ」というのは、尊敬を込めた言葉です。たくさんの人生経験を積んだことによって、物事を味わい深く、思慮深く受け止め、柔軟に対応できるような力を「ラオ」というのです。これは、尊敬の内容ですね。今は、老いるということが非常に罪なことのようになっています。高齢化社会というのは、もちろん大きな問題ですが、高齢者というものが社会的なお荷物のような表現さえ取られています。日本における自殺者の多さというのが問題にされていますが、六十五歳以上の自殺者が、割合としてはいちばん多いのです。つまり、老いるということに喜びを持てずに、重荷のように感じてしまう。周りからもお荷物のように扱われて、死を選んでしまう方が多くでる、そのようなことも今日の問題です。

そのような意味で、私たちは、いろいろな形で災いというものを考えます。そしてそれを避けて、幸多いもので自分の人生を埋め尽くしていきたいと思う。喜びと楽しみと幸せで、自分の人生を埋め尽くしていきたいと願う。そしてそれを妨げるようなものを避けていきたいと考える。これは何も特別なことではなくて、私たちは皆これをあたりまえのこととして生きているわけです。そのため、人生というのは私の思いをかなえる場であり、自分の思いや希望をかなえる場だというように教えられてきました。これが、私たちの前提になっていることなのです。

ところが、親鸞聖人は、その罪福を信じることが、じつはいちばん本願を疑っているすがたなのだといわれているのです。私たちは、自分にとって嫌なことは避け、自分の都合や思いをかなえようと思っています。そのために、嫌なことをどんどん避けて、よりよいもの幸多いもので埋め尽くしていきたいと、一生懸命に頑張っているわけです。そのすがたが、じつは本願を疑うすがたであるといわれるわけです。

六、信心は、私たちの人生全体を問う

我々は、希望や思いにかなう喜びや幸せを望むのですが、この希望や喜びというもの、何が災いで何が幸せなことなのかが、じつはなかなかわからないのです。我々は、個人的に「これは嫌なことでこれは希望、これは思いにかなうことだ」と考えているように思います。私たちは、それぞれに、これは価値のあることだ、これは良いことだと、一人ひとりで考えているように思います。しかしそれは、単に個人的に考えているものではないのです。私たち人間というのは、社会的動物ですから、その時代の社会状況というものに密接にかかわって生きています。ですから、その時代状況や社会が提供する価値というものに影響されて考えているわけです。たとえば戦前、戦中の日本の社会が持っていた、幸多きことや喜びや楽しみというものと、戦後これがいちばん価値のあることだとされてきたこと、これは避けるべきだと考えてきたことは同じではないですね。戦前や戦中というのは、国家というものが前面に出ていた時代です。そのため、国家のために尽くすことが喜

びであり、価値のあることだと教えられていました。ですから、国家に従わないことは、もっとも悪しきことであると考えられていたのです。しかし、戦後はそうではなくて、個人の楽しみや個人の経済的物理的な豊かさが大切であって、それを妨げるようなものは避けていきたいと、このように変わりました。

東日本大震災の前と後でも、明らかに私たちの幸せ感というものが変わってきているようです。その影響で、消費傾向も大きく変わったといわれます。たとえば、今年の流行の色は明るい色が流行色として提示されていたのですが、三月十一日に起こった東日本大震災を境にして、派手な色ではなくて地味な色が売れるようになったそうです。また、それまで流行だったヒールの高い靴が、三月の震災以降はほとんど売れなくなって、電車がこなくても自分の家に歩いて帰れるようなヒールのない靴が買われるようになったということです。このように、消費傾向ががらっと変わるわけです。また、東京の高層マンションがだんだん売れなくなって、一戸建ての住宅を求める傾向が強くなっているそうです。

これは、たんに消費傾向が変わってきているということではなくて、震災前と震災後とでは、人間の豊かさに対する考え方が変わってきているということです。今までは、経済的な豊かさを幸せと考えてきたけれども、そうではないものがあるのではないかという思いが出てきたということです。このように、社会状況によって、罪福の内容は変わるのです。

さらにいうと、東日本大震災の被災地の人たちと、その外側にいる人とでは、罪福の内容が変わってくるということがあるのです。これは、阪神・淡路大震災を経験された精神科医の中井さんという方が提示されていることです。被災地の中では、恐怖と悲しみを共有したことで、いっしょに生きる共同体感情というものが非常に高くなります。ですから、避難所におられる人々は、皆で皆を助け合う、支えあうというモチベーションが非常に高いのです。そのことに、外から来たボランティアが感動するということがおこっています。

それに対して、震災を受けていない被災地の外側の人には、不安や疑心暗鬼がおこるのです。このようなことが、阪神・淡路大震災のときの分析からわかっているのです。ですから、これと同じことがおこって、被災地の中では皆で支えあおうという共同体感情が高まり、外側では自分だけとにかく安心したいということで、買いだめをするという疑心暗鬼の行動をしてしまうということが出ているのです。そのように、住んでいる場所や与えられた状況によって、私たちの罪福というのは変わるわけです。時代によって大きく変わります。ですから、自分で何が価値のあることか、何が駄目なことかわかっているといいますが、じつはかなりの部分が時代の持っている色合い、思潮というものによって動かされているわけです。

今日はとくに、テレビやインターネットを通して、「これは悪いことだ、これが良いことだ」という情報がたくさん提示されますから、そのようなものに我々の心は揺り動かされているというのが、今日の特徴かもしれません。

ですから、私たち人間は、「こうでなければならない」とか、「あのようでなければならない」とか、考えたりいったりしますが、そうしたことは時代や状況によってずいぶん違うわけですし、むしろ私たちは、それに振り回されているということがあるわけです。ところが、私たちは、この自分の「思い」が間違いのないものだとして、それを前提として生きているのです。

この罪福という問題は、たんに個人の問題ということではなくて、もう少し大きな意味では、この世全体がじつは罪福というものを前提としながら動いているのです。そのように、罪福ということが前提となっているのですけれど、罪福というのは時代状況や世界の在り方によってずいぶん変わっていくのです。じつは、正反対のことも起こってしまうのです。まさに人のいのちを奪うようなことはもっとも悪いことだとされ、それを避けていこうとするわけですが、状況が戦争ということになれば、人のいのちを奪うことが最も称賛されることになります。それで、それに抗うようなことをすれば、非国民といわれるわけです。

そのように、我々が前提としている罪福の内容というのは、ずいぶんと変わってしまうものなのです。変わると同時に、それは個人的な問題ではなくて、世を挙げての問題なのです。ですから、罪福を通して世を挙げて本願を疑うということになってしまうということなのです。そのようなことを問題にされたのが、じつは親鸞聖人という方なのです。

宗教や信心というのは、個人的な心境や個人のつごうの問題ではないのです。私たちが生きている世全体を問題にし、私たちの人生全体を問う問題なのです。そのため、人生の中の一部分の問題ではないのだということを、「身命をかえりみず」（『歎異抄』聖典六二六頁）という言葉で親鸞聖人はいわれるのです。そして、

ひとえに往生極楽のみちをといきかんがためなり。（『歎異抄』聖典六二六頁）

と、「ひとえに」といわれるのは、人生の一部分の問題ではなく、人生全体の問題だということです。そして、その人生を生きている世全体の問題が、宗教の課題であるということをいわれているわけです。そのことが、非常に大切な点ではないかと思っています。

この世と人生全体を問う問題として、「罪福を信じる」という問題を親鸞聖人は考えておられるのです。そのことをもう少し考えてみたいと思います。

七、「曇摩伽菩薩文」にあらわれた法蔵菩薩

私たちは、阿弥陀如来の本願によって往生する身となることがなかなか信じられずに、そのほかの行によって救われようとします。そのようなことを、親鸞聖人は本願を疑うことだといわれるのです。そして、私たちが本願を疑うのはなぜかというと、罪福を信じているからだといわれています。災いを避けて思いや希望にかなうものによって人生を埋め尽くしたいと願う。そして、人生というのは、自分の思いをかなえていく場所であると考えるのです。そのために、はっきりしない本願や念仏よりも、効き目がありそうな様々な行、努力によって災いを避けて、より価値の大きいもので自分の人生を作り上げていきたいと考えるのです。そのこと全体が、本願を疑っていることだと、親鸞聖人はいわれるのです。しかもそれは、たんに個人的な問題ではなくて、私たちは世を挙げて社会を挙げてこれを前提に生きているのです。このような意味で、本願を信じるというのは、私たちの人生全体のありようの問題であるし、私たちの社会全体のありようの問題なのです。

そのことを、今度は本願という点から考えてみようと思います。その本願ということを考えるときに、本願というのは願いですから、これは誰の願いなのかということがありま

す。経典には、本願というのは誰の願いかというと、人間の願いだとは書いてありません。本願というのは、法蔵菩薩の願いであると出てくるのです。

この前、親鸞聖人の七百五十回忌の御遠忌を記念して、京都の市立美術館で「親鸞展」という展示会が開かれていました。そこに、「曇《どん》摩《ま》伽《か》菩薩文」という、親鸞聖人の直筆の小さな紙に書いてある文書が展示されていました。これを所蔵しているのは、三重県の津市にある専修寺です。

「曇摩伽菩薩」というのは、法蔵菩薩のことです。インドの経典では、法蔵菩薩は「ダルマ・アーカラ」という名前の菩薩だと出てきます。「ダルマ」というのが、「法」と翻訳されているのですが、真理や真実という意味です。そして、「アーカラ」というのは、「蔵」と翻訳されました。これは良い訳だと思います。「アーカラ」というのは、「鉱脈」という意味です。鉱脈や水脈というのは、地面から見ただけではわかりません。しかし、地の底に流れているものが鉱脈です。ですから、「ダルマ・アーカラ」というのは、歴史を貫いて流れている真実という意味です。「ダルマ・アーカラ」というのは、人間の歴史を貫いて一貫して流れている真理ということなのです。それを、「ダルマ（真実）」を「法」と訳して、「アーカラ（鉱脈）」を「蔵」と訳したのです。蔵というのも、外から見たのでは蔵の中には何があるかわからないのですが、内にあるということで内蔵といいます。一貫して何か蔵されているという意味で、「蔵」と訳したのです。それで、「ダルマ・アーカラ」を翻訳せずに、音写すると「曇摩伽羅《どんまから》」となります。ですから、「曇摩伽菩薩」というのは、法蔵菩薩のことなのです。「ダルマ・アーカラ」を音写して「曇摩伽羅」と表記している経典もあるのです。そうした表現も使って、法蔵菩薩について親鸞聖人が書き示しておられるのです。

そこに、「曇摩伽菩薩と申すなり」とあり、さらにその後には、「法蔵菩薩が娑婆世界王だった」とあります。

『無量寿経』に説かれている法蔵菩薩とはどのような存在かというと、

国を棄《す》て、王を捐《す》てて、行じて沙門《しゃもん》と作《な》り、号して法蔵《ほうぞう》と曰《い》いき。（聖典一〇頁）

と説かれています。ただし法蔵菩薩は、どこかの国のある王様であって、その王様が国を棄て王をやめて修行者となったということではなく、娑婆世界の王であったと書かれているのです。そのことに親鸞聖人は注目しておられるのです。

「娑婆世界王」というのは、人の世を治め、人の世を支配し、そして世を支配し治めるために世の教えとなるものが娑婆世界王なのです。人間はこうあらねばならない、社会はこうあるべきだというように、世の教えを説き、その教えによって世を治め世を支配するのが娑婆世界王なのです。

さらに、娑婆世界というのは、力ずくの世界です。お釈迦様はそのことを『無量寿経』で、

強《こわ》き者は弱きを伏《ふく》す。（強者伏弱）（聖典六六頁）

と示されます。力の強い者が世の真ん中で幅を利かせ、力で世を治めていく。力のない者は、力の前に片隅で我慢させられる世界ということです。そうならば、力を得て思う存分振る舞うほうがいいですから、力を得ようと争いが絶えない世界になります。

娑婆世界王というのは、その力ずくの世界で力を得て、その世を治めているわけです。そして、人間はこうあらねばならない、世の中はこうあるべきものだという主張がどれだけ正しくても、そうできない者は、そのように在れない者は、その力で弾き飛ばされたり、押さえつけられることになります。ときとして、力ずくの正しさは、そうできない者を間違いと決めつけて弾き飛ばし、その片隅の人の悲しみや歎きや我慢のうめきが聞こえなくなることがあるものです。

その娑婆世界王であった法蔵菩薩が、『無量寿経』によれば、

国を棄《す》て、王を捐《す》てて、行じて沙門《しゃもん》と作《な》り、号して法蔵と曰《い》いき。高才勇哲《こうざいゆうてつ》にして、世に超異《ちょうい》せり。世自在王《せじざいおう》如来の所《みもと》に詣《もう》でて、仏の足《みあし》を稽首《けいしゅ》し、右に繞《めぐ》ること三帀《さんぞう》して、長跪《ちょうき》し合掌して、頌《じゅ》をもって讃じて曰《い》わく、（聖典一〇頁）

と、世自在王仏を師とされたのです。世自在王仏というのは、「世において自在である仏」ということで、世というものに支配されない、世を超えて自在である存在が世自在王仏なのです。それに対して、世を力で治め世の教えとなって世の教えを力で立てて、世を治めていた娑婆世界王が、世を超えて自在である仏に出遇ってその国を棄てて教えを聞いて法蔵と名のったのだと、親鸞聖人は経典を読まれたのです。それでわざわざ、異訳の経典の表現を出して、娑婆世界王であった法蔵菩薩を見られたわけです。

「曇摩伽菩薩文」というのは、親鸞聖人の直筆で残っています。そのため非常に重要な意味があります。親鸞聖人が、法蔵菩薩という存在をどのように考えておられたかがわかるからです。つまり、世を治め、世を支配し、世に君臨するような世の教えを立てていた人、その人が世を超えて自在な人に出遇ってそれを棄てたのだと。つまり、人間はこうあるべきだ、社会はこうあらねばならない、たしかこのようなことはいろいろ考えます。そして、そのためにこうあるべきだということを邪魔するものを捨てて、こうあるべきだという思いをかなえるものを集めていきたいと、そのような形で世の教えというものが動きます。しかし、それでは人は救われない。世の教えでは人は救われないと、そのことに気づいて人の救いを求めた、そのような精神を法蔵というのだと親鸞聖人が見ておられると思います。今の教えでは、人間は救われない。そのことに気づいて、本当の人の救いを、往生の道をたずねたもの、それを法蔵という精神として表現しているのです。ですから、これは個人の一部分の救済ではなく、世全体の問題に応じて法蔵という存在が、経典に出てきているのだと、そのように親鸞聖人は見ておられるのだと思います。

八、人生を想定内に収められると考える人間の傲慢さ

私たちは、人はこうあらねばならない、こうあるべきだと想定し、そして想定内の自分になろうとします。ところが、私たちの人生というものは、本来想定外なのです。想定して生まれてきたわけではありませんし、想定して死ぬわけでもありません。さらに、我々の人生や社会などで起こってくる出来事は、ほとんどが想定外です。予定通りに起こってくることは少ないでしょう。予定したとおりに起こってくることもありますが、そうでないことで出来上がっていることが、私たちの人生のほとんどです。ところが人間は、知性ですべてを想定し、想定内に終わらせようと考えるのです。これは傲慢というものです。そして、その傲慢さがもたらしたことが、この前起こった福島第一原子力発電所の事故です。人間の知性ですべてを想定し、想定内に収められると考えたのです。しかし、科学的な想定としてはずさんですね、原発の事故は起こらないことを前提に想定していたのです

から。そんな想定の仕方は無いでしょう。

技術というものは、破綻したときにどうするかと考えるのが技術です。飛行機に乗るときは、「この飛行機は落ちる」と思って乗る人はいません。また、落ちるような飛行機は飛ばしません。しかし、落ちないけれども、もしそのような状況になったときにはということで、毎回毎回「ライフジャケットを着てください」などの注意事項を説明します。このように毎回いうのは、落ちるという危険を想定し、「そうなった場合はこうします」ということなのです。原子力発電所の場合は、事故が起きた場合はどうするかということを想定していなかったのです。あれは科学技術としても非常におかしなことをしていると思うのです。それにしても、起こる事態をすべて想定できるというのは傲慢ですよ。

人生や出来事というのは、想定外なのです。想定外を生きながら、全部想定できると考えて、このようにすれば自分の人生を全部幸せで埋め尽くすことができると考え、それを前提として人の世というものの教えや「人間はこうあらねば」というような考えが作られてくるのです。しかし、そのとおりに人間は生きているわけではないのです。そのため、そこでは人間は救われないのだというように気づいた人が、はじめて人の事実に目を向けたのです。ですから、『無量寿経』には、

ここに世自在王仏《せじざいおう》、すなわちために広く二百一十億の諸仏刹土《せつど》の天人の善悪、国土の

麁妙《そみょう》を説きて、その心願に応じてことごとく現じてこれを与えたまう。時にかの比丘《びく》、仏の所説の厳浄《ごんじょう》の国土を聞きて、みなことごとく覩見《とけん》して、無上殊勝《むじょうしゅしょう》の願を超発《ちょうほつ》せり。（聖典一四頁）

と説かれています。「諸仏刹土の天人の善悪、国土の麁妙」を「みなことごとく覩見して、無上殊勝の願を超発せり」とあります。つまり、人間の事実をことごとく見たということで、その精神を法蔵といわれているのです。「覩見」とあります、この娑婆世界王であることをやめて、人間の善悪をことごとく覩見したということです。「覩」も「見」も「見る」という意味です。覩見ということで、ことごとく見るという意味となります。人間の上に起こっていることをしっかり見た、想定なく見たということです。それは、想定外に起こってくる、その事実を見たということです。

これは、罪福を信じるということからいうと、自分の人生を想定し想定内で人生が収まると考える。人生を想定し、想定内に収まるはずだというように考えて、だから想定してこのことは駄目なこと、このことは良いことだからこれを集めようと、罪福を前提とするのです。そして、このことを親鸞聖人は、自力といわれているのです。

九、自力のこころをひるがえして

『歎異抄』第三章に、

自力のこころをひるがえして、他力をたのみたてまつれば、真実報土《ほうど》の往生をとぐるなり。（聖典六二七頁）

といわれていて、ここに往生という言葉が出てきます。真実の世界に生まれるということは、自力をひるがえして他力をたのむということがあるのだといわれています。これは、文章ですから仕方がないのですが、このように書くと自力をひるがえして、それから他力をたのむというように読めてしまいます。しかしこれは、自力をひるがえすということが、そのまま他力をたのむということなのです。あるいは、他力をたのむということが、自力をひるがえすということなのです。つまり、自力をひるがえすということと、他力をたのむということはイコールです。自力をひるがえして、それからしばらくして他力をたのむということではないのです。

自力ということについて、親鸞聖人は『一念多念文意』で、

自力というは、わがみをたのみ、わがこころをたのむ、わがちからをはげみ、わがさ

まざまの善根《ぜんごん》をたのむひとなり。（聖典五四一頁）

といわれています。さらに『唯信鈔文意』では、自力の心を捨てることを、

自力のこころをすつというは、ようよう、さまざまの、大小聖人《だいしょうしょうにん》、善悪凡夫《ぼんぶ》の、みずからがみをよしとおもうこころをすて、みをたのまず、あしきこころをかえりみず、

（聖典五五二頁）

といわれています。

人生はこうあらねばならないし、こうあるべきだ。社会はこうあらねばならないというように考えて、それに合うような自分になれると自分をたのみ、そしてそうなるための自分の努力に自信を持つ。ところが、そうなれないときは、「あしきこころをかえりみる」という形で、このような自分では駄目だとか、こんなことではいけないと自分を叱って、そしてあるべき自分に向かって歩んでいこうとするのです。親鸞聖人は、それを自力といわれているのです。

そのために、気に入らないものを捨てて、そしてより良いものだけで自分の人生を埋め尽くそうとするのです。気に入らない自分は、こんなことでは駄目だという形で捨てるのです。気に入らない他人は、「あんな奴は」という形で捨てるのです。しかし、「こんなことでは」や「あんな奴は」という形で捨てていたら、だいたい全部捨てなければならなく

なります。私たちは、人生をいつまでも若く、元気で明るく悩みもなく、喜びで人生を埋め尽くそうとしてきました。しかし、老いというものは避けられませんし、病気になることも避けることはできません。多少先延ばしにしたり、老いたということを誤魔化したりすることはできます。お化粧をしたり、髪を染めたりして、老いを誤魔化すことはできます。しかし、老いること自体を避けることはできません。ですから、こんなことでは駄目だということになっていくのです。そして最後には、こんな自分では駄目だと、自分を捨てていかなければならなくなります。

このようでなければならない、また、そのようなことは良くないということにこだわればこだわるほど、基準に合わない自分や理想に達しない自分が目につきます。そして同時に、基準をはみ出した他人も目につくようになります。こうあらねばならないということに、こだわればこだわるほど一人ぼっちになっていきます。さらに、その一人ぼっちの自分さえ切って捨てていくことになります。そのようなことを、親鸞聖人は自力という言葉であらわされているのです。ですから、自力というものをもとにする人生の方向は、往生浄土という方向とはまったく逆なのです。だから、ひるがえす必要があるといわれるのです。

自力と他力は、方向がまったく逆なのです。ですから、自力をひるがえすとおっしゃるのでしょう。自力はあっても構わないということではありません。ひるがえすということは、「ああ、違っていた」という形で、方向を逆に向けるということなのです。

十、逆悪もらさぬ誓願

次に、『歎異抄』第四章には

念仏もうすのみぞ、すえとおりたる大慈悲心にてそうろうべきと云々（聖典六二八頁）

といわれています。大慈悲心というのは何かというと、あらゆるものを捨てないのが大慈悲心です。私たちの慈悲には、限りがあります。たとえば、仏さまとはどのようなものかわかりませんから、仏さまというのは優しくて寛大でそう目くじらをたてないで、いつも穏やかにしておられるのが仏さまだろうかとイメージします。そのような仏さままでも、「仏の顔も三度まで」というように、三回までは我慢してもらえるのですが、四回目になると怒ってしまわれます。人間の考える仏様や慈悲は、そんなところです。ところが、大慈悲というのは、あらゆるものを認めるという意味です。法蔵菩薩の本願というのは、法蔵菩薩の願われたことが本願です。娑婆世界王だった「ダルマ・アーカラ」が、娑婆の世界、人間の世界はこうあらねばならない、社会はこうあるべきだというように考えて、それを世の教えとしていた。ところが、その世の教えでは人間は救われないということで、それをやめて本願を建てられたのが法蔵菩薩だというように表現されているのです。

親鸞聖人は、その法蔵菩薩の本願をどのように表現されているかというと、『浄土和讃』に、

大聖《だいしょう》おのおのもろともに　凡愚底下《ぼんぐていげ》のつみびとを
逆悪《ぎゃくあく》もらさぬ誓願に　方便引入《ほうべんいんにゅう》せしめけり（聖典四八五頁）

といわれています。悪を成し反逆をなすような者も一切漏らさないのが、法蔵菩薩の誓願であるといわれるのです。「こんな奴は許せない」というようなことは、一切いわれないのです。いかなる存在も漏らさないのです。そして、あらゆるものを摂取して捨てない。これは、すべての人と出会うということです。あらゆるものを捨てずに全部と出会う。そして、いかなるものも何をしていても絶対捨てずに漏らさずに全部に会う。それが本願としてあらわされているのです。全部に会うというのは、すべてに我がこととして出会うということです。私たちは、それがなかなかできません。

私たちは、「こんな事情ではやむを得ないだろう」という形で、いろいろなことをおこなっています。私たちは、事情と理由をとり違えるのです。本来、事情は理由にならないのです。「こんな罪を犯したものは、どう考えても死刑だろう」と、これは理由ではない

のです。つまり、戦争という事情の中では、人を殺すことは称賛される。ところが、戦争ではない状況では、「こんな形で何人も人を殺した者はいのちを奪われても仕方ないだろう」ということになる。これは理由ではなく事情なのです。理由になると大変なのです。ある評論家が、死刑の問題で「人のいのちを奪った者は自分のいのちを差し出すというのが日本古来の武士道だ」といわれました。これは一見理由になるようですね。人のいのちを奪った者は、自分のいのちを差し出すのが日本古来の考え方だというのですから。しかし、これを理由にしては駄目なのです。理由にしてしまうと、自分のいのちを差し出せば、人を殺してもいいことになるのです。人間の理屈というものは、そのようなものです。自分のいのちを差し出せば、人を殺してもいいということは、いのちというものをバーター（取引き）で考えるのです。仏教はそうではありません。『無量寿経』に、

独《ひと》り生じ独り死し独り去り独り来《きた》りて、行に当《あた》り苦楽《くらく》の地に至り趣《おもむ》く。身、自《みずか》らこれを当《う》くるに、有《たれ》も代《か》わる者なし。（聖典六〇頁）

と説かれているように、「代わる者なし」なのです。代われないのです。代われないものを奪ったという重さを、知らなければならないというのが仏教です。代われるから差し出せというのは、仏教ではないのです。それは人間の理由、考えや事情なのです。人を殺してもいい理由など、どこにもないのです。これが、釈尊の説かれることです。釈尊は、事

情と理由を取り違えてはならないといわれるのです。人を殺していい理由など、どこにもありません。

しかし、同時に、人間は条件と状況さえ整えば、殺すつもりがなくても殺してしまうのです。それもまた人間だと、仏教はいうのです。そのため、どのようなことにも出会わなければならないのです。全部のことに、自分自身が、誰にも代わってもらうことなく出会わなければならないのです。気に入ったことだけに出会うわけにはいかないのです。逆も悪も、あらゆるものと出会っていかなければならないのです。

ところが、私たちは、嫌なものは避けて、気に入ったものだけで自分を構成しようとするのです。そして、こうあらねば、あのようにあらねばということを世の教えとするのです。それを棄てられた法蔵菩薩が、あらゆるものと出会い、絶対もらさないで出会うということを本願にされたのです。なぜかというと、人間はそのような存在だからです。条件と事情さえ合えば、どのようなこともしてしまうし、どのようなことにもあわなければならないし、どのような状況も生きなければならないのです。それが、人間の持っている事実であると、親鸞聖人はいろいろな言葉でいわれているのです。

十一、摂化随縁不思議なり

そのようなことを親鸞聖人は、「随縁の存在」といわれています。随縁というのは、縁に従うということです。状況や条件によって動きが変わるものが人間です。人間は変わるのです。これを親鸞聖人は、「摂化随縁」と表現されるのです。これは、全てに出会おうというような、仏さまの教化に遇うことによって、人間ははじめて自分自身を受け止められるというのを「摂化随縁」というのです。

『浄土和讃』に、

十方三世《さんぜ》の無量慧　おなじく一如《いちにょ》に乗じてぞ
二智《にち》円満道《どう》平等　摂化随縁《せっけずいえん》不思議なり（聖典四八二頁）

とうたわれています。仏の教化によって、はじめて人間は、自分自身を認めることができるのです。それと同時に人間は随縁存在ですから、出会ったものによって変わるのです。仏様の教化に遇えば、はじめて自分自身を受け止められるのです。

たとえば、穏やかで優しい人に出会えば、あるいは穏やかで優しい出来事に出会えば、私の方も優しくなったり穏やかになったりしますね。それは、私の方に穏やかで優しいものがあるのではないのです。穏やかで優しいことに出会ったことから、出会ったものの影響を受けて穏やかで優しくなるのです。荒々しくとげとげしいものに会えば、やはり荒々しくとげとげしい人間になります。我々の中には、確たる変わらないものは何もないのです。縁によって変わっていきますから、優しくなれているのは優しいものに出会ったからなのです。

人間は、もともと優しくはないのです。かなり意地の悪い人間に会えば、こちらも「負けるものか」というように意地を張ります。このように、会ったものによってこちらが変わるのです。ですから、人間は随縁存在といわれるのです。そのため、縁に会えばどのようなこともしますし、どんなことにもなるのです。しかし、そのような事実を生きながら、それが自分であると認めることができませんから、「こんな自分は、こんなことでは」ということで、嫌なことは全部罪として捨てていくのです。そして気に入った自分だけで人生を構成しようとします。それは無理なのです。そのような存在ではないのです。ですから、あらゆることに出会っていかなければならないのです。そのことが、生きるということの実感なのです。縁によってどんなことにもなると、それが生きることの事実なのだと思います。

大谷派から出ている『同朋新聞』という新聞に、仙台で被災されたお寺の総代さんのインタビューが出ていました。大友さんという方です。大友さんは、お寺の総代さんをされていたのですが、そのお寺のご住職は津波で亡くなられたのです。そのことで、インタビューをされていたのと、この前の御遠忌で、その大友さんのインタビューがビデオメッセージとして流れたものですから、見せていただいたのですが、大友さんは、今回の震災ではじめて生きるということを実感したといわれているのです。

自分が生き残って、お寺の住職が亡くなったのです。これはまったく、たまたまの縁ですね。私が生きて、隣の人が死ぬというようなことは、想定したり予定したり考えてできることではなくて、起こった出来事なのです。実際我々が生きるということは、そのようなことなのです。それを私たちは、いつのまにか生きるということは考えて生きることであるとしてしまっているのです。ですから、こうあらねばならない、こうありたい、こうあるべきだという思いを生きることになってしまったのです。生きるということは、考えていることを実現するということにしてしまったのです。しかし、生きるということは、そうではなくて、まさに随縁という形で生きていることだと実感しなければならないのでしょう。

私たちは、いつのまにか、生きるということは考えていることを実現することであるとしてしまった。ですから、これだけの豊かさがなければ、これくらいの電気がなければ生きられないと考えるようになってしまったわけです。そして、経済的に豊かでなければ生きることができないと考えるようになった。しかし、この経済的な豊かさも、生きるものに付随してあるものにすぎないのです。経済的豊かさのために、私たちは生きているわけではないのです。人間が生きるということに付随して、経済的に豊かであったほうがいいかもしれないということがあったにもかかわらず、いつのまにか考えが先行するうちに、経済的豊かさのために人間は生きているというように、考えが逆転してしまったのです。そのため、少々危険でも、豊かであるためには、原子力発電所の危険性も我慢しなければならないというように考えるようになったのです。そして、その考えたことを生きるということにしてしまったのです。そもそもこの取り違えが、現代の私たちの大きな問題ではないかと思うのです。

生きることを、考えることにしてしまった。そして考える末に、生きることよりも考えた豊かさに重きを置いてしまったのです。そうしたことを、津波でたまたま自分が生き残った方が、はじめて実感したといわれたのです。考えたことの中に生きることがあるのではないのだということを、あらためてこの言葉によって私は教えられたような気がしました。

親鸞聖人は、私たちは、どんなことにも会うし、どんな形でも生きなければならないといわれるのです。それが全部あなたなのだということに気づいてほしいと呼びかけてやまないものが、阿弥陀仏の本願なのです。我々は、その本願を疑って、自分の考えの中で想定し、考えたことの中で自分の人生が思いのとおりになるのが人生であると思い込んでしまっているのです。そのことを、親鸞聖人は、自力という形で私たちに示しておられるのです。自分の思いで生きているというのは、本来の在り方と正反対を向いているということを、私たちに教えておられるのです。

あとがき

本書は、「さいたま親鸞講座」での講義、二〇一〇年一二月から二〇一一年六月までの四講義をまとめたものです。

その「さいたま親鸞講座」は、元は、真宗大谷派東京宗務出張所が首都圏にいる多くの人々に親鸞聖人の教えを伝えたいという願いによって「親鸞講座」として開かれたものです。真宗大谷派東京宗務出張所が統轄する形で、一九八五年から本郷・多摩・横浜と順次開講されました。それが埼玉県で開かれることになり、「さいたま親鸞講座」となりました。そして、「さいたま親鸞講座」は、『歎異抄』をテキストとして宮城顗先生をご講師にお迎えし、二〇〇一年二月に開講されました。

「親鸞講座」は、その後さらに拡大され、首都圏の他地域五か所、湾岸・池袋・新宿・丸の内・求道会館で開催されています。

「さいたま親鸞講座」は、一期目は年四回、毎月連続して行われました。二期目からは隔月で、年六回開催され、今日までに十五期を数えています。

「さいたま親鸞講座」の基本姿勢は、『歎異抄』を通して、念仏・真宗・親鸞に触れていただくことを眼目とし、真宗や寺にこれまで縁の薄かった一般市民の方々を対象に公開された講座です。第二期から「市民にひらく・さいたま親鸞講座」として開かれました。場所は、さいたま市大宮区・大宮駅西口の数か所を会場にして開催され、第四期からは大宮駅東口の仲町「川鍋ビル八階」に会場が定着しました。

開講にあたり、ご講師である宮城顗先生から、次のようなコメントをいただきました。

「社会の色々な分野にあってあらわになってきている問題。いったい人間は、人間社会はさらにいえば地球そのものはどうなってゆくのか、いいしれない不安やおそれを感じずにはおれません。この現実にあって、人間としてともに生きていこうと願うとき、親鸞聖人がその生涯をとおしてあきらかにしてくださった真宗の教えは、私たちに何を説きあかし、語りかけてくださるのか、ともに聞きとり、たしかめあっていきたいと願っております」

というものです。これが「さいたま親鸞講座」の基本コンセプトとなっています。

幸いに「さいたま親鸞講座」は、真宗大谷派埼玉組の温かいご支援と、実行委員会メンバーが交代で看板を持ち、駅や交差点に立ち、参加者を案内し、受付や司会を担当するという献身的な努力によって、現在に至るまで開催することができています。

そして、ご講師のお話を何らかの形で公表したいと願い、講義のテープ起こしが始められました。最初に、第二期の一年分六講をまとめたものを一冊にまとめて『市民公開講座

「さいたま親鸞講座」講録――歎異抄に学ぶ――　今の世にあって真宗とは』（二〇〇六年七月）として自主発行しました。その後、第三期の三回の講演を『市民公開講座「さいたま親鸞講座」講録Ⅱ――歎異抄に学ぶ――　いのちを懸けて聞きたいことは』（二〇〇七年一二月）として自主発行し、次に二〇〇四年八月の講演と二〇〇四年一〇月の講演と宮城顗先生の最終講演（二〇〇五年一〇月）を収録した講録を、『市民公開講座「さいたま親鸞講座」講録Ⅲ――歎異抄に学ぶ――　人の世にいのちのぬくもりあれ』（二〇〇九年一月）として自主発行しました。

続いて、宗正元先生、箕輪秀邦先生、孤野秀存先生に交代で講義をしていただきましたが、二〇〇七年の第七期より四衢亮先生に講義をお願いし現在に至っています。

宮城顗先生と同様に、やはり、四衢亮先生の一般の人に通じる言葉遣いと丁寧な真宗領解のお言葉を世に送り出したいと願っていたおり、法藏館より出版の話があり、大変有難いことと感じました。出版にお力添えをいただき、心から御礼申し上げます。

広く出版されたことを機縁にして、より多くの方々に『歎異抄』のこころを味読いただければと願っています。

二〇一五年一〇月

「さいたま親鸞講座」実行委員会

著者略歴
四衢　亮（よつつじ　あきら）

1958年岐阜県高山市生まれ。大谷大学卒業。現在、真宗大谷派不遠寺住職。
真宗大谷派青少幼年センター非常勤研究員。
著書に、『時言』『自分の発見――絵本で感じる親鸞聖人の教え』『観無量寿経の教え』、ワンコインブック『念仏』『信心』『本願』（いずれも東本願寺出版）など。

歎異抄にたずねて
――現代に響く親鸞聖人のおしえ――

二〇一五年一二月一〇日　初版第一刷発行

著　者　四衢　亮
発行者　西村明高
発行所　株式会社　法藏館
京都市下京区正面通烏丸東入
郵便番号　六〇〇－八一五三
電話　〇七五－三四三－〇〇三〇（編集）
〇七五－三四三－五六五六（営業）

装幀　法藏館装幀室
印刷　立生株式会社　製本　清水製本所

ISBN 978-4-8318-8740-5 C0015